Economica Laterza
793

Di Enrico Franceschini
nelle nostre collane:

Londra Babilonia

Enrico Franceschini

Londra Italia

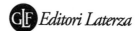 Editori Laterza

© 2016, Gius. Laterza & Figli

www.laterza.it

Edizioni precedenti:
«i Robinson / Letture» 2016

Nella «Economica Laterza»
Prima edizione gennaio 2017

Edizione

1	2	3	4	5	6

Anno

2017	2018	2019	2020	2021	2022

Proprietà letteraria riservata
Gius. Laterza & Figli Spa, Bari-Roma

Questo libro è stampato
su carta amica delle foreste

Stampato da
SEDIT - Bari (Italy)
per conto della
Gius. Laterza & Figli Spa
ISBN 978-88-581-2701-8

agli italiani di Londra

Indice

Londra Italia

1.

Il mio barbiere è un italiano

Il mio barbiere è un italiano, il mio medico di famiglia è un italiano, il mio avvocato di fiducia è un italiano, è italiana la barista del caffè all'angolo, è italiano il barista del caffè di fronte, e anche quello del bar un po' più in là, sono italiani il commesso da cui compro jeans e magliette, il cuoco del ristorante di hamburger sotto casa, l'addetto alle riparazioni del computer, è italiano l'istruttore di scuola guida di mio figlio, è italiana una sua prof all'università, sono italiani il gelataio qui sotto, il cassiere del negozio di Delikatessen, la cassiera del supermarket, il mio dentista, la fruttivendola e la maggioranza degli amici e delle amiche con cui vado a mangiare ogni tanto una pizza in un ristorante-pizzeria di Camden, naturalmente italiano, dove lavorano soltanto italiani.

Vivo a Londra da più di dieci anni, eppure a volte ho la sensazione di essere ancora in Italia. Un po', ammetto, è colpa mia: ho un'eccessiva predilezione per gli italiani. Ma un po' è anche colpa di Londra: di italiani fra cui scegliere amici e conoscenti, qui, ce ne sono tanti. Nel 2011 avevo usato un elenco analogo per *Londra Babilonia*, il mio libro sulla Londra multietnica: avevo, e in effetti ho ancora, un giornalaio pakistano, un lavasecco persiano, un imbianchino polacco, un veterinario spagnolo, un portinaio sudafricano, e così via. Ma gli italiani di Londra, che già erano tanti allora, adesso sono sempre di più. E continuano ad aumentare, di mese in mese, di giorno in giorno.

Secondo i dati del consolato generale d'Italia, nel 2015 gli italiani a Londra erano – anzi, eravamo – quasi duecentocin-

3

quantamila, e questo ne faceva la città estera con il maggior numero di nostri connazionali in Europa, la seconda nel mondo dopo Buenos Aires (che ne aveva quarantamila in più). Ma quella della capitale argentina è una vecchia emigrazione italiana, il cui flusso risale alla prima metà del Novecento e che cresce solo grazie alle nascite tra gli emigranti di allora, i loro figli e i loro nipoti, desiderosi di mantenere il passaporto del paese di origine. L'emigrazione italiana verso l'Inghilterra è invece un fiume in piena e in continua espansione: nel 2013 la nostra emigrazione oltremanica è aumentata del 65 per cento rispetto all'anno precedente, nel 2014 è aumentata di nuovo, del 77 per cento. Insomma: la Gran Bretagna è oggi il paese al mondo che attira più italiani. Entro il 2016 – stima il nostro consolato – avverrà il simbolico sorpasso su Buenos Aires, e Londra diventerà la città italiana con il maggior numero di abitanti al di fuori dello Stivale.

Ma in realtà ha già di gran lunga sorpassato Buenos Aires. I suoi abitanti italiani sono molti di più di duecentocinquantamila: questo è infatti solo il numero dei residenti ufficiali, gli iscritti all'Aire, Albo Italiani Residenti all'Estero, al quale i nuovi arrivati – che ci vengano per studio o per lavoro – si iscrivono in media soltanto due o tre anni dopo essersi trasferiti a Londra (alcuni non si iscrivono mai, anche se sarebbe obbligatorio farlo entro dodici mesi). Per ogni italiano di Londra iscritto all'Aire – calcola il consolato – ce n'è almeno un altro, e forse altri due, che ci vivono senza essersi iscritti. La reale popolazione italiana di Londra potrebbe essere dunque fra le cinquecentomila e le settecentocinquantamila persone. Si può dire che probabilmente a Londra – mescolati ai suoi otto milioni e mezzo di abitanti, dodici milioni con i sobborghi, che ne fanno la più grande metropoli dell'Unione europea – c'è la quinta maggiore "città italiana", dopo Roma, Milano, Napoli e Torino, più popolosa di Palermo, Genova, Bologna o Firenze.

Una "Little Italy" londinese, in effetti non tanto "little". Ogni mese l'Aire di Londra conta duemila nuovi iscritti, e quindi secondo lo stesso calcolo i nuovi immigrati reali sono almeno due o tre volte tanti. Ormai è un esodo. O una grande fuga. Di proporzioni tali che il nostro consolato londinese ha creato un apposito "sportello" per i nuovi arrivati: si chiama Primo Approdo e consiste in una serata al mese in cui avvocati, commercialisti, medici, esperti di servizi sociali – tutti italiani già residenti a Londra – siedono a un tavolo offrendo gratuitamente consulenze agli italiani appena sbarcati sotto il Big Ben. Gli argomenti principali sono: come trovare lavoro, come trovare casa, la salute e gli studi accademici. "Lo facciamo per essere vicini ai nostri cittadini, per rispondere a un'esigenza che abbiamo sentito sempre più ampia e urgente", spiega Pasquale Terracciano, l'ambasciatore d'Italia a Londra, che ha promosso l'iniziativa, coordinata dal console generale Massimiliano Mazzanti e dal console Sarah Castellani.

Chi sono questi nuovi emigranti italiani che "approdano" a Londra in cerca di un'occupazione, una specializzazione, un futuro migliore di quello offerto loro dall'Italia? Secondo i dati del consolato, il 57 per cento sono laureati, percentuale che sale all'89 per cento se si includono i possessori di un diploma scolastico superiore: un fenomeno ben diverso dall'emigrazione italiana del passato, quando a partire era la popolazione meno istruita. La parte migliore d'Italia che se ne va? La tanto lamentata fuga di cervelli? Sì, ma l'ambasciatore avverte che molti diplomati e laureati, almeno all'inizio, si adattano a fare mestieri che non richiedono un titolo di studio: cameriere, barista, commesso. Inoltre, altra novità, un tempo la nostra emigrazione proveniva principalmente dal Meridione: oggi, il 52 per cento viene dal Nord. E le medesime statistiche indicano come origine non solo le grandi città, ma anche i piccoli comuni, la provincia.

Questi "seminari per immigrati" – su cui un giovane cineasta italiano, Luca Vullo, a sua volta immigrato a Londra, sta girando un documentario – si svolgono in un luogo geograficamente appropriato: il nostro consolato è infatti in

Farringdon Street, a due passi da Clerkenwell, la strada della prima immigrazione italiana nel Regno Unito; inoltre, in Clerkenwell Road c'è St Peter's Church, la più antica chiesa italiana di Londra, in cui tutte le domeniche si dice messa – naturalmente in italiano – e in cui parte della comunità si ritrova in occasione delle festività religiose più importanti: ricordo una messa di mezzanotte, a Natale, qualche anno fa, con la neve artificiale che scendeva dal soffitto, un neonato nei panni del Bambin Gesù e padre Carmelo – che di St Peter è stato il parroco per decenni – che al termine della funzione stringeva la mano a ciascun fedele augurandogli un buon pranzo di Natale, a seconda dell'accento che sentiva, a base di lasagne, tortellini in brodo, orecchiette e altre specialità regionali varie. Gli *special effects* – la neve artificiale – erano da Hollywood, ma l'atmosfera da vecchia tradizione iconografica dell'immigrazione. Del resto, intorno a Clerkenwell Road sorge il quartiere della prima "Little Italy" londinese. Nei dintorni visse in esilio Giuseppe Mazzini, nella cui casa fu ricevuto Giuseppe Garibaldi: l'Eroe dei Due Mondi ebbe un'accoglienza così trionfale da parte della monarchica Inghilterra, a dispetto della fama di rivoluzionario e repubblicano, che gli ci vollero quattro ore per percorrere tra due ali di folla il tragitto dalla stazione ferroviaria Victoria fino al centro della capitale. Proprio al numero 138 di Clerkenwell Road c'è il più antico Delikatessen italiano di Londra, il primo negozio di alimentari nostrani in città, Terroni, aperto nel 1878 dal fondatore Luigi Terroni, all'epoca in cui trovare una bottiglia di olio d'oliva, da queste parti, era come fare un buco per terra e veder zampillare il petrolio. È qui che si tiene ogni anno, in luglio, la festa della Madonna di Monte Carmelo, paragonabile per atmosfera a quella di San Gennaro a New York.

Nel 1900, gli italiani di Londra erano circa diecimila. La nostra prima emigrazione lungo le rive del Tamigi era fatta così: intellettuali ribelli come Mazzini o droghieri come Luigi Terroni. Dopo la Seconda guerra mondiale, una nuova ondata di emigranti si stabilì a Soho, all'epoca quartiere malfamato e a buon mercato, trovando lavoro nei caffè e ristoranti della zona e importando dall'Italia, poco alla volta, prodotti esotici, mai visti prima, come gli spaghetti, l'olio d'oliva e il caffè espresso.

Oggi è diverso. Oggi la Italian London è quella del fashion: da Prada ad Armani, da Max Mara a Fiorucci, da Gucci a Tod's, le boutique che costeggiano Bond Street, Carnaby Street e Chelsea, passando per piccoli artigiani di qualità come la bottega di scarpe Fiorentini&Baker, con negozi a Bologna, Beverly Hills e... Notting Hill. Perfino la Fiat, sorry, la FCA, Fiat Chrysler Auto, nostra maggiore azienda nazionale e ormai globale, formalmente si è stabilita a Londra, sua nuova sede legale, dove riunisce una volta al mese il consiglio d'amministrazione, mentre la nuova Cinquecento seduce gli inglesi, onnipresente nelle strade della capitale, in competizione con la Mini – anche questo, un segno di italianità londinese.

La verità è che, partiti più di mezzo secolo fa con la ristorazione, adesso siamo a Londra con la moda, con l'industria dell'automobile e con ogni altra professione, arte o mestiere immaginabile. I nostri immigrati oggi vengono nella "Piccola Italia" per fare di tutto: il banchiere, l'avvocato, il manager, l'architetto, il medico, l'ingegnere, lo scienziato, il barista, il cameriere, il cuoco, il commesso, la nanny, il traduttore, l'assistente fotografo, l'artista, l'insegnante, l'artigiano, o per farsi da soli una start up. C'è perfino un sito, con pagina Facebook e account Twitter, chiamato Italian Kingdom, dove ogni italiano di Londra può raccontare sé stesso e la propria esperienza: non più United Kingdom of Great Britain, ma Regno Italiano di Gran Bretagna. Il motivo è semplice. A Londra, magari dopo qualche settimana o qualche mese di ricerche, il lavoro si trova, o è più facile crearselo. Magari non *il* lavoro, quello sognato, bensì *un* lavoro: temporaneo, perlomeno nelle intenzioni, ma sempre meglio che niente.

Attirano indubbiamente anche altri fattori, per esempio il

desiderio di imparare l'inglese, fare un'esperienza all'estero, vivere in una megalopoli globalizzata e trendy: ma il motivo principale è che nella capitale britannica l'occupazione non è una chimera. Merito dell'economia che tira, con il Pil che cresce a un ritmo fra i più alti in Europa, e di una disoccupazione ai livelli tra i più bassi della Ue, a dispetto delle lamentele un po' xenofobe contro gli immigrati che ruberebbero posti di lavoro agli inglesi (quando in realtà tutti gli studi dimostrano che l'immigrazione crea ricchezza per la nazione ospitante). Merito anche di una normativa più semplice e più liberale: essere assunti è facile, l'unico ostacolo burocratico è procurarsi il Nin – National Insurance Number, equivalente del nostro codice fiscale – compilando un formulario e facendo un colloquio nel Jobs Centre della propria zona; così come, d'altro canto, è facile, facilissimo, essere licenziati su due piedi se non vai più bene, senza bisogno di tante spiegazioni.

Consultando Londranews.com, uno dei tanti siti internet rivolti agli italiani di Londra, si leggono offerte di lavoro in ogni settore e per ogni categoria, anche se non è affatto facile trovare un lavoro davvero buono e ormai la concorrenza è agguerrita anche per un impiego da barista in una delle tante caffetterie all'italiana – Starbucks, Caffè Nero, Costa Cafè – che per molti ragazzi e ragazze italiani sono il punto di partenza, e talvolta purtroppo anche di arrivo, al minimo salariale di 6 sterline (8 euro) all'ora.

Non tutto è così luccicante come sembra visto da lontano, attraverso il mito, i programmi televisivi, i film, i racconti degli amici, le foto ricordo di una vacanza. Andare all'estero a cercare lavoro – visto che in Italia non ce n'è – scegliendo come destinazione quella che forse è la città più cara d'Europa e del pianeta può sembrare assurdo: gli affitti a Londra sono esorbitanti, un letto in una camera per due persone in un appartamento con tre o quattro camere può costare 400 sterline al mese (550 euro); l'abbonamento alla metropolitana, la Oyster Card (*oyster* vuol dire "ostrica" – forse perché per viaggiare si sta chiusi dentro) che è in tasca a tutti, se ne porta via altre 130 (160 euro), sempre che tu non abiti troppo lontano dal centro, nel qual caso spendi ancora di più; aggiungi telefonino e bollette di luce, gas, acqua e hai speso mille euro al mese senza avere ancora neanche mangiato un pezzo di pane (per fortuna, se lavori in un ristorante o in un caffè il problema è almeno in parte risolto gratis). E poi le distanze sono immense, i ritmi frenetici, le abitudini nuove.

"Bisogna imparare a fare la coda, ad arrivare in orario, a essere sempre cortesi e rispettosi", scrive nel suo blog "Londra chiama Italia" Cristina Carducci, sociologa di studi, immigrata anche lei da quattro anni, attualmente impiegata come cambiavalute e blogger part-time. "È una città darwiniana", ammonisce Gian Volpicelli, master in giornalismo alla City University, con il sogno di diventare reporter ma per ora assistente di un giornalista inglese che gira un documentario e ha bisogno di qualcuno che "parli italiano". Un luogo, insomma, dove sopravvive il più forte, o perlomeno sopravvivi se sei abbastanza forte, mentre i deboli si arrendono, non ce la fanno, dopo un po' tornano indietro.

Ma se vengono in tanti significa che ne vale la pena, che ci sono comunque abbastanza opportunità per tutti – o che appunto è l'Italia migliore, la "più forte", quella che sbarca a Londra, con laurea o senza, l'Italia che resiste. Bisogna dire che in un certo senso l'emigrazione è sempre stata così: ci vogliono coraggio e determinazione per partire, lasciare quello che si ha e si conosce, per quanto poco valga, e lanciarsi verso l'ignoto, sebbene sulla carta si possa avere l'illusione di non ignorare niente di Londra, di conoscere già tutto attraverso guide turistiche, romanzi di Nick Hornby, film con Hugh Grant e Keira Knightley, qualche summer school di lingua inglese, una gita scolastica. "Elementare, Watson", direbbe Sherlock Holmes, ma poi si scopre che non è così elementare, e che di questa città ci sono un sacco di cose che non sappiamo, un sacco di aspetti da scoprire.

Non è una giungla esotica, e neppure d'asfalto, ma bisogna imparare e adattarsi, ringraziando le nuove tecnologie della rivoluzione digitale e le compagnie aeree a basso costo, comunicando in videotelefonata via Skype con familiari e amici, tornando a trovarli una volta ogni due, tre mesi – o persino più spesso – con i voli di EasyJet da Gatwick e Ryanair da Stansted, che diventano i nuovi porti d'ingresso nel pianeta Anglia, e di occasionale uscita per prendere una boccata di italianità, sole e cielo azzurro. Seppure non sia del tutto vero che questi ultimi manchino: "Se a Londra non ti piace il tempo che fa", dice un proverbio locale, "aspetta cinque minuti". Il barometro segna sempre variabile: un rapido sprazzo di primavera arriverà anche in mezzo a una giornata piovosa.

Qualcosa da imparare ce l'avrebbero anche i turisti italiani, che secondo una massima di Tony Green – editorialista del "London Evening Standard", il quotidiano della sera free press letto dai londinesi che tornano a casa dal lavoro in metrò – "vengono a Londra perché credono che incontreranno la regina a Buckingham Palace, trascorreranno il loro tempo con Hugh Grant in una libreria di Notting Hill e mangeranno fish and chips sotto il Big Ben, mentre la realtà è che passeranno le notti in un ostello su Old Kent Road, perdendo la famiglia in metropolitana e spendendo una fortuna in una bisteccheria per un'Angus". In verità, i nostri connazionali non sono più così disinformati, arrivano muniti di guida Lonely Planet e navigatore satellitare su smartphone: sanno bene cosa li aspetta, dai musei ai parchi, allo shopping, ai pub, e come arrivarci – più o meno. Proprio per questo sono sempre più numerosi, ormai un milione all'anno, e dunque contribuiscono anche loro a far aumentare la popolazione italiana di Londra, specie a Pasqua, a luglio-agosto e quando cominciano i saldi da Harrods – periodi in cui, fra Regent e Oxford Street, per strada senti parlare soltanto italiano e potresti credere che quel milione di presenze italiane a Londra sia confluito sul Tamigi tutto nello stesso giorno, alla stessa ora, nello stesso posto, proprio dove stai passando anche tu.

Si può scommettere tuttavia che ciascuno di quei turisti italiani a Londra, preparati o meno, ha pensato o detto nel corso della vacanza, mentre fotografava a tutto spiano con l'iPhone: "Io però qui ci vivrei, almeno per un po'". Londra ci piace perché è straniera, ma anche familiare: dopotutto, sono stati i nostri progenitori, gli antichi Romani, a fondarla su un'ansa del Tamigi, nel 43 dopo Cristo, con il nome di Londinium.

Il problema però non è viverci "per un po'", sei mesi, un anno o qualche anno, bensì stabilircisi, permanentemente, fare di Londra la propria "casa italiana" per sempre: perché se è difficile vivere in due in una stanza a quattrocento sterline a letto quando hai venticinque anni, è ancora più difficile – nel senso di maledettamente costoso – trovare un'abitazione per mettere su famiglia a trent'anni e oltre. Il prezzo medio delle case ha raggiunto il mezzo milione di sterline (settecentomila euro), ed è una media che prende in considerazione tutte e nove le zone coperte dall'Underground – il metrò su cui viaggiano tre milioni di passeggeri al giorno, che i londinesi chiamano "tube" –, in pratica l'intero territorio dentro all'M25, l'autostrada che gira intorno alla città, lunga 270 chilometri. Ma se cerchi casa in "centro", nella zona uno o anche nella due, con mezzo milione di sterline compri una "one bedroom", cameradaletto-soggiorno-bagno-cucinino. Senza contare le scuole, quelle private da trentamila sterline di retta annuale (mandarci due figli, dall'asilo al diploma di scuola media superiore, costa quasi un milione di euro), quelle statali un terno al lotto per entrarci, se sono buone, un metal detector all'ingresso per convincerti a restarne fuori, se sono cattive.

"Save our housing", che si potrebbe tradurre con "risolveteci il problema degli alloggi", titola il settimanale "Time Out", bibbia del weekend londinese. "London is changing", Londra sta cambiando, è lo slogan di una campagna pubblicitaria sull'impatto del carovita in una città in cui sceicchi arabi, petrolieri russi e nuovi ricchi di tutta la Terra fanno salire i prezzi del mattone alle stelle, rendendolo proibitivo per gli altri. "Abbiamo deciso di trasferirci al mare e non ce ne siamo pentiti affatto", è il messaggio di uno dei cartelloni della campagna, e non si tratta di uno scherzo: conosco gente che si è trasferita a Brighton, sulla Manica, dove con i soldi ricavati vendendo un appartamentino di sessanta metri quadri a Londra si è comprata una villetta di tre piani vista spiaggia, le scuole statali gratuite sono tutte discrete e i genitori fanno i pendolari andando al lavoro a Londra con un'ora e un quarto di treno (ad andare e altrettanto a tornare), leggendo, lavorando o brontolando, secondo i giorni e l'umore, lungo il tragitto.

Sì, è vero, Londra "sta cambiando". Non è più quella degli anni Settanta, e nemmeno dei primi Novanta, ciononostante noi italiani continuiamo a venire qui a cercare qualcosa – laurea, lavoro, sfide, magari l'amore, probabilmente anche una società che premi il merito e non la raccomandazione, le regole e non la sregolatezza –, come se Londra fosse l'unica meta possibile, o almeno la preferita.

Potremmo dividerci, volendo ironizzare su noi stessi, in varie tribù. Ci sono gli anglomani, quelli che cercano di trasformarsi in inglesi doc, con risultati generalmente comici: vestire e parlare come un inglese, se non lo sei, è impossibile. Poi ci sono gli italo-trash, versione nostrana dell'euro-trash, che al contrario disprezzano tutto ciò che è inglese, vivono solo fra italiani, guardano solo le partite della serie A, rimpiangono ogni mattina il cappuccino come lo fa il barista sotto casa a Milano, Firenze, Napoli e nemmeno si accorgono di vivere a Londra. Ma la maggior parte di noi, al di là delle battute, impara dagli inglesi tutto quello che c'è da imparare (molto), a Londra porta il suo contributo di italianità (molto), parla inglese bene senza preoccuparsi dell'accento (tanto qui tutti ne hanno uno, dal posh al cockney, dal bengalese al turco) e si accontenta di diventare "londinese". Il punto è proprio questo: diventeremo londinesi a vita, questa strana nazionalità a cui appartengono, dopo un po' che vivono lungo le rive del Tamigi, tutte le razze della Terra? E i nostri figli, nati o cresciuti qui, saranno italo-inglesi, cittadini britannici o "none of the above", né l'uno né l'altro? Verranno considerati figli di immigrati? Oppure "di origine italiana", come alcuni che stanno conquistando Londra – Antonio Pappano, direttore della Royal Opera House, Gabriele Finaldi, direttore della National Gallery, o sir Rocco Forte, l'albergatore, il cui padre (Carmine, poi anglicizzato in Charles) partì ragazzo senza un soldo dalla provincia di Frosinone all'inizio del Novecento ed è morto a Londra nel 2007, baronetto, proprietario di mille hotel, a novantotto anni?

Mah. È come un'isola, la Londra degli italiani, una Hong Kong tricolore che mantiene un legame con la madrepatria, ma fondamentalmente va per conto suo: una comunità di "espatriati" – il termine che si usa adesso al posto di "immigrati" –, una città un po' speciale, diversa dall'Italia, più cosmopolita, più dinamica, più estrosa, magari anche più stressata, eppure comunque segnata dai riti e dai gusti dell'italianità. Anche questa, come ogni città italiana che si rispetti, in fondo ha la sua chiesa e la sua piazza, il suo bar e la sua libreria, ed è popolata da tutti i personaggi che potremmo incontrare andando a passeggio lungo il corso o ai giardini. Senonché, qui nessuno passeggia: non c'è tempo da sprecare.

Ma noi andiamo lo stesso a farci dentro una passeggiata virtuale, incontriamo i suoi abitanti, facciamoci raccontare le loro storie. Cerchiamo di capire cos'è, com'è, questo posto chiamato "Londra Italia", perché ci si viene, qual è il segreto per farcela, cosa si impara strada facendo, ed eventualmente cosa ci può insegnare.

2.
E Dio creò il bar (Italia)

L'immigrazione italiana a Londra non poteva che comincia-re in un bar. Gli antecedenti hanno avuto sedi più illustri, d'accordo. Ma senza risalire a Mazzini, se vogliamo parlare di un'immigrazione più recente, si può tranquillamente af-fermare che la Little Italy contemporanea di Londra è nata in un luogo canonico dell'italianità: il bar o caffè che dir si voglia. Immaginiamo la nostra piccola città italiana dentro la sterminata capitale britannica. Immaginiamo che abbia una piazza. Ecco, qui già ci sarebbe un problema perché Londra non ha vere piazze: Trafalgar Square non ha nulla a che vede-re con l'idea italiana di piazza, Belgrave Square non ne par-liamo, Covent Garden ci si avvicina ma non è la stessa cosa (non per nulla era un mercato ortofrutticolo). Bisognerebbe andare a Charterhouse Square, ma pochi sanno dov'è (in-dizio: nei suoi pressi squartarono Braveheart), e comunque sembra più una piazza francese (non per nulla, all'angolo ci sono un albergo chiamato Malmaison e una brasserie). D'al-tra parte, le cittadine e i villaggi inglesi al posto della piazza hanno il *green*, un praticello dove ritrovarsi per giocare a cricket e portare a passeggio il cane. Ma fa lo stesso. Faccia-mo finta che una piazza ci sia, nella Piccola Italia londinese. Ebbene, in quella piazza un bel giorno aprì un bar o caffè. In un certo senso era il primo bar o caffè italiano che gli inglesi avessero mai visto. E si chiamava, guarda caso, Bar Italia.

Si chiama ancora così. È al 22 di Frith Street, nel cuore di Soho, dunque nel cuore di Londra, cinque minuti da Picca-dilly Circus. Una scritta al neon come insegna, un bancone con la macchina del caffè, sgabelli contro il muro, due tavolini in fondo. Con la bella (si fa per dire) stagione, quattro tavolini sul marciapiede, appena fuori dal locale. Alle pareti, dentro, fotografie di Rocky Marciano e pagine della "Gazzetta dello Sport". L'arredamento non sembra molto cambiato dal giorno del 1949 in cui fu aperto da Lou e Caterina Polledri, che negli anni Settanta l'hanno lasciato al figlio Nino, che l'ha a sua volta lasciato ai propri figli, Antonio, Luigi e Veronica, oggi proprietari anche dell'adiacente ristorante Little Italy.

I loro nonni, Lou e Caterina, emigrano a Londra negli anni Venti da Piacenza. Negli anni Trenta gestiscono un piccolo caffè all'inglese vicino a Covent Garden frequentato da facchini e ambulanti dell'omonimo mercato (quello ora trasformato in shopping centre). Durante la Seconda guerra mondiale, Lou viene internato in un campo di prigionia per italiani, sull'Isola di Man: c'era il timore che i nostri connazionali fossero una quinta colonna del fascismo. Timore infondato, ma fonte di persecuzioni e discriminazioni. I Polledri però sono tenaci e pazienti, la guerra finisce, vengono riabilitati e, alla prima opportunità, la coppia di immigrati emiliani decide di aprire un bar-caffè "all'italiana" a Soho: il Bar Italia, appunto. Era raro, per non dire impossibile, bere un buon caffè espresso a Londra, a quell'epoca: loro si procurano la macchina per farlo e l'ingrediente della qualità giusta. Il Bar Italia diventa presto il punto d'incontro di tanti nostri immigrati: camerieri, manovali, gente in cerca di lavoro. Oggi è un posto alla moda, frequentato dagli artisti e dai personaggi stravaganti della zona (a Soho, l'ormai ex quartiere a luci rosse della capitale – dico "ex" visto che di luci rosse gliene restano poche –, non ne sono mai mancati), visitato dai turisti. Ma molti dei suoi primi clienti erano poveri immigrati che poi aprirono a loro volta trattorie e caffè italiani. Il primo business degli italiani a Londra fu quello. E ha resistito, anzi si è moltiplicato in modo inverosimile, fino ai giorni nostri.

Dal Bar Italia aperto nel 1949 facciamo un passo avanti

esattamente di un decennio: nel 1959, sempre a Soho, apre un ristorante italiano, La Terrazza, e la ristorazione a Londra non sarà mai più la stessa. Andare fuori a cena, fino a quel momento, nella capitale era stata una questione formale: camerieri in giacca nera che servivano cibo prevalentemente francese a una clientela inglese (non in grado di apprezzarlo, avrebbero detto i "mangiarane", come i sudditi di Sua Maestà britannica chiamavano i discendenti di Napoleone). Ma con i loro risparmi, rispettivamente di milleduecento e seimila sterline, in quell'anno due immigrati italiani, Mario Cassandro e Franco Lagattolla, aprono la Trattoria Terrazza – "the Trat" come sarà chiamata dalla sua affezionata clientela – e tutto cambia. Pur vincitrice della Seconda guerra mondiale, la Gran Bretagna è reduce da dieci anni di razionamento: non si può dire nemmeno che il paese sia alla frutta, perché manca pure quella. Il prezzo del conflitto è stato altissimo. Ma dietro l'angolo ci sono gli anni Sessanta. Anche in Inghilterra sta per arrivare il boom economico, e con il boom gli Swinging Sixties, l'epoca del rock, della minigonna, della libertà sessuale e... di un nuovo modo di stare a tavola. Tanto che, due anni dopo l'apertura, il finanziamento iniziale è ripagato e "the Trat" è già un fenomenale successo, di cui parla tutta la città.

La vita è un romanzo, talvolta, anche nella realtà. Cassandro era nato a Napoli nel 1920, terzo di quattro figli. A diciotto anni viene arruolato nell'esercito e combatte sul fronte della Seconda guerra mondiale, in Africa, dove nel 1940, dopo la battaglia di Tobruk, viene catturato dalle forze armate britanniche e spedito insieme ad altri centocinquantamila prigionieri di guerra in India, dove rimane, a Bangalore, in un campo di prigionia inglese, fino al 1946. Quando finalmente torna a Napoli, trovare lavoro è una chimera. Così, nel 1947 decide di raggiungere a Londra un'infermiera irlandese conosciuta nell'ospedale del campo di prigionia in India. A Londra, nonostante la crisi del primo dopoguerra, Mario Cassandro un lavoro lo trova, prima come commesso a Soho, poi come cameriere da Mirabelle, un club privato con ristorante che esiste tuttora vicino a Piccadilly. Lì, nel 1953, conosce un altro cameriere italiano, Franco Lagattolla: si può star certi che, dopo il lavoro, andavano a bersi un espresso al Bar Italia. E insieme a Lagattolla, sei anni più tardi, Cassandro fonda La Terrazza. Franco sta in cucina, Mario accoglie i clienti. "Se esci a cena con una bella ragazza a Londra", scriveva nel 1961 Len Deighton, autore del romanzo *La pratica Ipcress* (poi diventato un film con Michael Caine), "devi portarla da Mario a La Terrazza". Ben presto ci vogliono andare tutti, da Mario a La Terrazza: duchi e principesse, uomini d'affari e politici, fotografi e fotomodelle, attori e rockstar, scrittori e fashion designer. La leggenda dice che le stelle di Hollywood telefonavano dall'America per prenotare un tavolo nella Sala Positano, la più elegante. Sull'epoca d'oro di "the Trat" abbondano gli aneddoti, come quello su Tony Armstrong-Jones, che, poco dopo avere sposato la principessa Margaret, sorella minore della regina Elisabetta, si presenta senza cravatta. Cassandro si rifiuta di farlo entrare. Deve intervenire Franco dalla cucina per fargli capire chi è quel tizio e dargli il benvenuto. Da quel momento si dice che Mario non facesse più entrare chi ce l'aveva, la cravatta. Con o senza cravatta, ci venivano David Niven e Michael Caine, Gregory Peck e Julie Christie, Albert Finney e Peter O'Toole, il fotografo David Bailey e la sua musa Jean "Gamberetto" Shrimpton. Nel 1962 i due ristoratori aprono un altro ristorante italiano a Mayfair, nel 1966 un terzo a Kensington. Nel 1968 quotano la loro società in Borsa e cominciano ad aprire ristoranti italiani in tutta l'Inghilterra, a Bristol, Manchester, Leeds, diventando milionari.

Ma è solo l'inizio, perché i loro camerieri e cuochi se ne vanno a loro volta ad aprire altri ristoranti italiani, come Alvaro Maccioni, che della Terrazza era stato il manager: apre il proprio ristorante, che chiama Alvaro, a King's Road, la strada di Chelsea diventata quasi sinonimo della rivoluzione degli anni Sessanta, dove i suoi primi clienti sono proprio la principessa Margaret e lord Snowdon; poi lo vende e ne apre un altro, La Famiglia – sempre a Chelsea, vicino allo stadio dell'omonima squadra di calcio –, dove ha continuato ad accogliere clienti fino alla morte e dove ora lavorano i suoi figli. Anche lui era emigrato a Londra negli anni Cinquanta, con dieci scellini in tasca (meno di una sterlina odierna), e anche lui, con la sua Alfa Romeo decappottabile, non solo ha rivoluzionato la gastronomia ma è diventato un protagonista della Swinging London, versione anglo della felliniana Dolce Vita.

La storia romanzesca di Mario e Franco (e si potrebbe aggiungere Alvaro, e a loro tre va aggiunto Enzo Apicella, geniale designer di decine di ristoranti italiani in Inghilterra e a sua volta protagonista della dolce vita londinese) è così bella che nel 2009 è diventata un libro, *The Spaghetti Tree: Mario and Franco and the Trattoria Revolution*. Andava raccontata per capire cosa è successo dopo, nel passaggio dai ristoranti della prima generazione – La Terrazza, Alvaro o l'altrettanto celebre San Lorenzo, vicino a Harrods, il preferito dalla principessa Diana, e pure da Sophia Loren quando passa da Londra – a quelli odierni. Oggi ci sono almeno tremila ristoranti italiani a Londra, fra italiani autentici, imitazioni e falsi più o meno d'autore. Dominano le grandi catene di pizzerie come Pizza Express, Pizza Hut, Zizzi, le catene di pizzerie più piccole e "veraci", come Franco Manca, Made in Italy (Luna Rossa, Napulè, Santa Lucia), Rosso Pomodoro, Obicà e i caffè Carluccio's, fondati dallo chef e gourmet Antonio Carluccio, che prima ha creato una catena di caffè-ristoranti, poi li ha venduti e ora si limita a tenere corsi di cucina e scrivere libri.

Ma l'influenza della "rivoluzione delle trattorie" va molto oltre: il cibo italiano è arrivato dovunque, i pub servono la pizza e la mozzarella di bufala (certo non buona come quella dei Fratelli La Bufala, anche loro presenti a Londra con una minicatena di pizzerie), al supermercato il cibo più venduto sono gli spaghetti e la salsa di pomodoro. Qualcuno si lamenta che non tutte le pizzerie, i ristoranti, i pub che servono cucina italiana, o almeno qualche piatto italiano, sono italiani doc, e che la qualità non è all'altezza dell'originale. Ma l'imitazione è la più sincera delle adulazioni. È come per la pizza: l'abbiamo inventata noi, ma dobbiamo essere orgogliosi che tutti cerchino di copiarla.

Per non parlare del caffè espresso e del cappuccino: questa è stata per secoli la terra esclusiva del tè, negli anni Settanta nei caffè di Londra si beveva solo quello, oppure un caffè lungo e oleoso, insieme al micidiale English breakfast a base di pane tostato, uova fritte, salsiccia, pancetta, fagioli. Ma adesso questi caffè all'inglese con i tavolini di fòrmica sono pressoché scomparsi, bisogna andare in periferia per trovarne uno, mentre all'angolo di ogni strada del centro di Londra c'è una caffetteria all'italiana appartenente alle catene americane o anglosassoni, Starbucks, Caffè Nero, Costa Coffee, o alle nostrane come Segafredo e Illy. Cappuccino non è più una parola esotica: lo bevono tutti, "skinny" (con latte scremato), "decaf" (decaffeinato), talvolta servito in tazzone da brodo in cui ce ne stanno dentro due, sotto forma di frappè ("frappuccino"), in tutte le varianti possibili, inclusa "latte" (pronunciato alla Stanlio e Ollio), che sarebbe poi il nostro latte macchiato. Non tutti questi cappuccini o espressi sono buoni come quelli che ti servono in Italia, è vero, ma non dobbiamo lamentarci come i nostalgici italo-trash: è il segno dell'affermazione di una cultura gastronomica che, mezzo secolo fa, spuntava appena dietro il bancone del Bar Italia di Soho.

"Quella italiana è la cucina più gettonata di Londra", taglia corto Stefano Potortì, presidente di Sagitter One, la società che – con un team di quindici persone – è un punto di riferimento per chi vuole aprire un ristorante nella capitale britannica, dal bistrot al fast food, dal bacaro veneziano al locale stellato. "È una gastronomia radicalmente diversa rispetto a quella del passato: i clienti di questa città multietnica e globalizzata non si accontentano più della vecchia trattoria con le tovaglie a quadri, il fiasco di vino sul tavolo con una candela infilata dentro e le 'fettuccine Alfredo', che in Italia peraltro nessuno conosce, o la cotoletta servita insieme agli spaghetti".

Potortì è un Mario Cassandro del ventunesimo secolo: calabrese, quarantadue anni, è arrivato a Londra nel 2003 senza parlare neanche una parola di inglese, ma con un master in Economia e la sensazione che l'Italia gli andasse stretta. Negli ultimi cinque anni ha seguito l'apertura di venticinque ristoranti italiani, ma spiega che non tutti sono di proprietà di italiani, e nemmeno gestiti da italiani. "C'è una pescheria uguale a quelle che si vedono a Palermo, proprietà di investitori russi. Qui, se un modello funziona, lo copiano tutti. Vedi il caso della Polenteria, un bistrot aperto da un ex broker della City che ora serve polente di tutti i tipi". Un'idea che suona quasi come una vendetta o un capovolgimento della storia: fare della polenta, piatto tipico della cucina povera italiana, un "fast food" di qualità per i banchieri del distretto finanziario.

Ogni anno Potortì viene contattato in media da centocinquanta clienti dall'Italia che vogliono aprire un ristorante a Londra. La sua società si occupa di tutto, dal business plan all'apertura, al marketing. È un passo che non si potrebbe decisamente più fare con i pochi risparmi di Mario e Franco nel 1959: adesso ci vogliono mediamente duecentomila sterline per aprire una caffetteria, cinquecentomila per una piccola trattoria, settecentomila (un milione di euro) per un ristorante. Giorgio Locatelli ha speso ancora di più: un milione e duecentomila sterline, nell'autunno del 2014, per rinnovare Locanda Locatelli, oggi forse il miglior ristorante italiano di Londra, di certo il più elegante e il più frequentato dalle celebrità: Tony Blair, Bill Clinton, Mick Jagger, Boris Johnson e, finché era in vita, il pittore Lucian Freud sono solo alcuni dei suoi clienti più ricchi e famosi. Ma quei soldi, Locatelli, li ha visti andare in fumo in una notte per un incendio causato dall'esplosione fortuita di una bombola di gas. "Sono stato fortunato, non abbiamo avuto vittime", racconta, "anche se veder bruciare duemila sterline di tartufo bianco è innegabilmente un delitto". Prova a scherzarci su, stando qui ha assimilato lo humour britannico: ma l'esplosione nel suo locale appena restaurato gli ha fatto venire i capelli bianchi in una notte. Non avrebbe potuto rifarlo in meno di quattro mesi se fosse soltanto un grande cuoco, ma ormai è asceso al ruolo di celebrity chef, quelli che fanno show in televisione, pubblicano libri e tengono corsi di cucina. Una volta a Londra le celebrità erano attori, cantanti o persino playboy. Adesso sono signori con il cappello bianco in testa, spesso italiani.

La lista dei cuochi che fanno fortuna a Londra è così lunga che ci vorrebbe un libro soltanto per loro. Citiamone solo qualcuno. Francesco Mazzei, calabrese, ha cominciato a lavorare nella gelateria di suo zio a nove anni, ha studiato con il famoso chef Angelo Sabetta e ha diretto il ristorante del Grand Hotel di Roma; poi è emigrato qui, nel 1996 ha preso in mano il ristorante dell'Hotel Dorchester – uno dei migliori alberghi della città – e da quel momento ha continuato ad aprire ristoranti per conto terzi a Londra, come Franco's a Jermyn Street, e in altre parti del Regno Unito, come Santini a Edimburgo, o a fare il pasticcere per Hakkasan e Yauatcha, due fenomenali ristoranti "Chinese fusion" londinesi. Poi, qualche anno fa ne ha aperto uno tutto suo, L'Anima, vicino alla City, subito diventato un altro ritrovo di celebrità. L'attore americano Stanley Tucci, grande buongustaio, cuoco dilettante e autore di libri di cucina (non per nulla è di origine italiana), dice di essersi innamorato della sua futura moglie, nota agente letteraria inglese, nel vedere con quanto gusto divorava un piatto di maccheroncini all'Anima. Cupido, alias lo chef Mazzei, sorrideva soddisfatto in cucina.

Si dice che a Londra c'è tutto e il concetto vale certamente per la cucina. Sono arrivate perfino le tigelle, specialità provinciale di Zocca, il borgo natio di Vasco Rossi sull'Appennino modenese: al numero 50 di Marylebone High Street, dentro a Cotidie (vuol dire "ogni giorno" in latino e in effetti, assaggiato una volta il suo menu, viene voglia di tornarci sempre), insieme alla mortadella di Pasquini e al culatello di Spigaroli, altre raffinate specialità emiliane. Sono i piatti forti di Bruno Barbieri, chef e proprietario del primo autentico ristorante bolognese di Londra: già, perché ormai sotto il Big Ben non ci sono più soltanto i ristoranti italiani, ma i ristoranti pugliesi, umbri, liguri, sardi, napoletani e, appunto, bolognesi. Bolognese è il cuoco, purosangue, bolognese è il menu, che comprende tortellini, lasagne, tagliatelle, alcuni serviti secondo tradizione, altri rivistati all'insegna della gastronomia "glocal", globale e locale. "Quindici giorni al mese viene a trovarmi a Londra una sfoglina", mi dice. Una che? "Una signora di Bologna, Carla Cavina, la ospito a casa mia e lei fa la sfoglia come dio comanda", spiega. Ma certo, rido, una sfoglina! È solo che da troppi anni non vivo a Bologna.

Barbieri è il cuoco con più stelle Michelin d'Italia, sette, guadagnate sommando i quattro ristoranti di cui ha diretto la cucina: il Trigabolo di Argenta, la Locanda Solarola di Castel Guelfo, la Grotta di Brisighella e la Villa del Quar di Verona ("Ne ha sette anche Gualtiero Marchesi", ammette, "ma una l'ha ottenuta in Francia, le mie invece sono tutte stelle italiane"). La prima settimana è venuto a cena da lui l'emiro del Qatar, quello che poi si è comprato Harrods, lo Shard e i Mondiali di calcio del 2022: "Ha parcheggiato qui fuori la Rolls-Royce e ha ordinato tortellini in brodo. Gli sono piaciuti così tanto che se n'è fatto portare una seconda porzione".

A proposito di emiliano-romagnoli (per l'Emilia-Romagna ho un debole, lo riconosco: è la mia terra): dal porto canale di Cesenatico alla cattedrale di St Paul a Londra il passo può sembrare lungo. Mica tanto, in realtà. Prendete la strada più trafficata (lo dicono le statistiche) della capitale britannica: quella che comincia sul Millennium Bridge – il ponte pedonale davanti alla Tate Modern, il museo più bello della città, a parer mio –, attraversa il Tamigi e prosegue appunto fino alla immensa cattedrale bombardata da Hitler, teatro dei funerali di Churchill e in cui nel 1981 si sposarono il principe Carlo e lady Diana. Raggiunta la riva settentrionale del fiume, all'angolo con Knightriders Street (un vicolo che prende il nome dai Templari che lo percorrevano prima dei tornei cavallereschi), trovate un caffè-ristorantino-delikatessen chiamato appropriatamente Mangio. Lo ha aperto nel 2015 Omar, cuoco del Marè – lo stabilimento balneare del figlio di Alberto Zaccheroni, l'ex allenatore di Milan, Inter, Juve e Giappone, accanto al molo di Cesenatico –, con Francesco e Filippo, altri due cesenaticensi, e dato in gestione a Mirko, geometra di Cesena riciclato ai fornelli. Prodotti alimentari emiliano-romagnoli in vendita, qualche sgabello per chi vuole pranzare sul posto e una cucina da asporto (tortelli, ravioli, panini al prosciutto di Parma) ideale per banchieri, avvocati e broker della City, il quartiere finanziario lì intorno. Io ci ho mangiato squisiti passatelli asciutti con squacquerone e pancetta; e come dessert, con il caffè, wafer e Babbi al cioccolato della Dispensa di Romagna. Mancava solo la piadina. "Per quella servirebbe una azdora" [l'archetipo della infaticabile donna romagnola, *N.d.A.*], riconosce Mirko. "Potrei chiedere a mia nonna se viene a darmi una mano". Scommetto che sarebbero un successone (la piada e la nonna). Magari dovrebbe ospitarla, come fa Barbieri con la sua sfoglina.

Resto dalle mie parti solo a titolo di esempio, lo stesso discorso potrei farlo per ogni altra regione italiana. Dai circoli Arci di Bologna a uno dei più esclusivi gentlemen's club di Londra: anche lì arriva un tocco di italianità a tavola. Non proprio nel piatto, quanto nei bicchieri. E si può trovare un filo logico, o addirittura politico, fra gli uni e l'altro. Giovanni De Rose, dal 1995 al 2010 presidente dell'Arci bolognese (l'associazione ricreativa e del tempo libero del Pci, si diceva una volta), si è trasferito al ristorante del Reform Club, uno dei circoli per gentiluomini, ma adesso anche per gentildonne, più famosi della capitale britannica. Ogni sera, lui che un tempo serviva tortellini al popolo della sinistra ai Festival dell'Unità, indossa lo smoking per fare il sommelier dell'aristocrazia e dell'intellighenzia londinesi, selezionando e servendo vini da mettere sulla tavola di un club che ebbe tra i suoi membri scrittori come William M. Thackeray, Henry James e Arthur Conan Doyle, l'inventore di Sherlock Holmes, politici come William Gladstone, Lloyd George e

Winston Churchill, per tacere di Phileas Fogg, il protagonista di *Il giro del mondo in 80 giorni*, il capolavoro di Jules Verne; e a cui ora appartengono, tanto per fare due nomi, il grande documentarista David Attenborough e Camilla, duchessa di Cornovaglia, seconda moglie del principe Carlo, futura regina (forse, chissà).

"A quarantacinque anni desideravo cambiare vita", racconta De Rose. "Ho un nonno oste, il vino è una vecchia passione, coronata da corsi da sommelier fatti nel tempo libero. Quando ho trovato un'offerta di lavoro su internet mi sono candidato ed eccomi qui a Londra, al Reform". Non è un po' strano passare dai circoli popolari e di sinistra dell'Arci a quello posh di un gentlemen's club? "Prima di accettare ho chiesto consiglio a un amico, lo scrittore Maurizio Maggiani, e lui mi ha raccontato che nel 1874 proprio il Reform organizzò una cena in onore di Garibaldi, e che lo frequentavano anche Mazzini e Antonio Panetta, scappato da Reggio Emilia dopo i moti risorgimentali. Del resto il Reform, come suggerisce il nome, fu fondato nel 1836 proprio in omaggio a ideali progressisti, all'idea di riformare in senso democratico la monarchia britannica". Come dire che all'Arci non ci sono i sommelier, ma gli ideali in fondo sono gli stessi. Prosit!

Ma non c'è bisogno di essere un cuoco o un sommelier per emigrare a Londra e aprire un ristorante. Prendiamo il caso di Corrado Accardi, quarantadue anni, laurea in Ingegneria ambientale a Cagliari, una carriera formidabile con compagnie internazionali del suo settore come Adina Europa e Gardiner & Theobald. Dopo un corso alla Lse, la London Business School of Economics, nel 2003, Accardi decide di realizzare i suoi sogni imprenditoriali, di mettere su qualcosa di suo. L'idea nasce, attorno a un tavolo con gli amici, dal suo amore per la buona cucina e in particolare dalla sua passione per la pizza. Certo, di pizzerie ce ne sono già tante a Londra. Tutto intorno a Piccadilly, nella zona più turistica, sembra che si mangi solo quello: è pieno di bugigattoli che ti vendono fette di pizza gommosa. D'accordo, non ci lamentiamo dell'imitazione, forma di adulazione, questo l'ho già detto: ma un italiano non la mangerebbe due volte. E forse nemmeno un inglese: è cibo per il turista di passaggio, che si lascia tentare dall'aspetto invitante, compra, mangia e se ne va con il mal di pancia. La vera pizza al taglio, come gli italiani ben sanno, è un'altra cosa: "Un'opzione di alta qualità ideale per il lunch di chi ha fretta, perché offre un pasto completo, rapido, gustoso e facile da mangiare anche in piedi o alla scrivania", riassume il concetto Corrado. Ed è proprio da questo concetto che decide di partire.

Per il finanziamento si rivolge al *crowdfunding*, la ricerca fondi via web, rampa di lancio di tante start up. La sua idea di ristorantini da asporto che servono pizza al taglio e altre prelibatezze della nostra gastronomia adatte al "take away", come si dice in inglese, è così buona che raccoglie quattrocentoquarantamila sterline – il 157 per cento del capitale che si era prefissato – da 119 persone in 17 giorni, meno della metà del tempo necessario (in genere, il *crowdfunding* impiega 60 giorni a centrare l'obiettivo). L'ammontare raccolto stabilisce un nuovo record in Europa per una start up. E una seconda campagna raccoglie altre centocinquantamila sterline per un'ulteriore espansione. Ecco la formula del successo consentita da internet e dalle nuove forme di finanziamento: di tuo devi metterci solo l'idea, i soldi ce li mettono gli altri – se l'idea è buona, s'intende. Il primo ristorantino da asporto, chiamato Pizza Rossa, apre in Whittington Avenue nel giugno 2014, il secondo a London Wall nell'ottobre dello stesso anno. L'obiettivo è creare una catena di almeno dodici locali entro cinque anni. Ingredienti sani, prodotti locali, rispetto dell'ambiente, tecniche di cottura speciali che permettono di avere una fetta di pizza pronta in nove secondi dal momento dell'ordinazione, completano il progetto. "Come tutti gli italiani, credo appassionatamente che il cibo sia centrale nella capacità di godersi la vita", proclama Corrado. "La nostra missione è dare a tutti la possibilità di trovare un momento nella propria occupatissima giornata per assaporare una fetta di quella passione".

Lou Polledri negli anni Venti e Mario Cassandro nel 1949 non avevano una laurea, non avevano un soldo e non avrebbero mai immaginato una diavoleria come il *crowdfunding*. Eppure erano venuti lo stesso a Londra, non per aprire bar o ristoranti: per fare, almeno all'inizio, i camerieri. È lo stesso passo che compiono migliaia di ragazze e ragazzi italiani, finendo dietro i banconi di Caffè Nero e di Starbucks, servendo clienti ai tavoli di pizzerie italiane e di ogni altro genere di bar, caffè, ristoranti. Li incontri nei pub inglesi e nei noodles-bar (ristoranti di tagliatelle-alla-cinese, potremmo tradurre noi), così tanti che a volte si ha l'impressione che non ci sia bisogno di sapere l'inglese per cavarsela a Londra, o almeno per ordinare da mangiare: al ristorante, qualsiasi ristorante, c'è sempre un cameriere italiano che può tradurti il menu, dare un consiglio e prendere l'ordinazione. Alcuni, nelle catene di caffetterie all'italiana, si accontentano di sei sterline e mezzo l'ora. Fatti i conti, lavorando otto ore al giorno per cinque giorni alla settimana, arrivano a guadagnare mille sterline al mese, ne versano una piccola parte in tasse, e il resto lo spendono per l'affitto (quattrocento al mese per un letto in una camera a due letti – la tariffa è quella), il telefonino (venti), il metrò (cento) e quel po' di vitto necessario oltre a quanto mangiano gratis sul posto di lavoro.

Non è una vita facile, ma per molti è meglio che restare in Italia disoccupati in famiglia, magari in una piccola città di provincia, senza prospettive. Qui almeno sono a Londra, la scintillante capitale multietnica e globale d'Europa. Imparano l'inglese. Conoscono ragazzi e ragazze della loro età di ogni parte del mondo. Come minimo, fanno un'esperienza. Se va bene fanno carriera, perché perfino nelle caffetterie si fa strada, passando da stagista a barista, poi a manager di un piccolo caffè e quindi di uno più grande. E dopo un po', se riescono a farsi assumere in un ristorante alla moda, con un buon curriculum e un inglese più fluente, cominciano a guadagnare meglio. Può durare qualche anno, abbastanza per imparare il mestiere, tornare in Italia e aprire magari un caffè lì. Oppure può durare più a lungo, con la prospettiva di aprirlo a Londra un locale proprio, come fecero Lou Polledri e Mario Cassandro, o come ha fatto con il *crowdfunding* Accardi.

Mi basta uscire di casa, a Camden Town, per incontrarli. Ci sono cameriere e camerieri italiani nell'hamburgeria Byron, al pub all'angolo, al caffè macrobiotico sul canale, al noodle cinese Wagamama, naturalmente alla pizzeria Rosso Pomodoro (tutti italiani, lì), nei due Caffè Nero più vicini a dove abito e nei due Starbucks più vicini, alla Côté Brasserie e nel pub di fronte. "Viviamo in dieci in un flat" (un appartamento), racconta Giorgio, barista di Caffè Nero, "con i soldi che guadagno arrivo a malapena alla fine del mese, ma almeno imparo la lingua, lavoro e vivo nel posto in Europa dove tutti vorrebbero vivere". Qualcuno è anche più soddisfatto: "Con le mance, certe settimane porto a casa quattrocento sterline... insomma, fatti i conti guadagno più di mio padre che fa l'operaio e adesso mi hanno promossa manager del locale, per cui dovrei guadagnare anche meglio", dice Claudia, aria da scugnizza, servendo a velocità prodigiosa le ordinazioni ai tavoloni pieni di giovani di Wagamama. "E poi abito con quattro mie amiche in un appartamentino che in teoria sarebbe per due, il proprietario non lo sa... stiamo un po' strette, ma risparmiamo sull'affitto e comunque lavoriamo tutte a orari diversi, non siamo mai a casa tutte e quattro insieme".
Qualcuno invece si lamenta: "Vorrei tornare in Sicilia, nella mia Palermo... almeno non mi toccherebbe lavorare con i polacchi, che detesto", dice Paola, cameriera di un'hamburgeria. "Amo il caldo e il mare, il mio cibo, i miei amici e la mia famiglia, ma a Palermo un lavoro non si trova, neanche un lavoro da quattro soldi come questo, e allora mi tocca restare a Londra. Fortuna che appena posso prendo un Ryanair e passo qualche giorno a casa mia". Invece nell'hamburgeria di fianco, della catena Byron (l'hamburger migliore di Londra, secondo gli esperti), Marco è pienamente soddisfatto: "L'an-

no prossimo mi faccio dare il prestito offerto dallo Stato e mi iscrivo all'università: qui lavoro cinque sere alla settimana e mi basta per vivere, inoltre a Camden incontri una ragazza dopo l'altra, la compagnia è assicurata". Claudio, suo collega toscano, dissente: lui non vede l'ora di andare a fare l'istruttore per le immersioni in qualche villaggio turistico dei Caraibi o alle Maldive. Ma glielo sento dire da un pezzo ed è ancora lì a servire hamburger.

Il locale vicino è Rosso Pomodoro, parte dell'omonima catena, gestito da Teresa, ventisei anni: "Vengo da Ischia, dove lavoravo in un'agenzia di viaggi... non era male, ma d'inverno diventava un mortorio e un po' mi annoiavo. Sono arrivata qui per caso, venivo a trovare delle amiche e volevo studiare meglio l'inglese, mi sono fermata, ho trovato lavoro in questo ristorante e da lavapiatti sono diventata cameriera, poi vicemanager, ora manager". Adesso pensa di comprare casa insieme al suo boyfriend (italiano) a Clapham, sobborgo a sud di Londra dove le case costano (appena) un po' meno: "Adoro questa città. È grande ma ordinata, non è come a Napoli, dove per stare bene devi essere ricco e avere la casa al Vomero". A portare il menu e pulire i tavoli c'è Emma, vent'anni, a Londra da sola da quando ne ha diciannove, anche lei con un programma definito: "Lavorare, studiare, laurearmi e trovare un buon lavoro". Alla sua età tanti italiani si fanno ancora preparare tutto dalla mamma, lei sembra già una donna fatta.

Come sembra un uomo fatto Fabio, di Torino, cassiere da Whole Foods Market, il negozio di alimentari gourmet poco distante, pure lui con piani precisi, sebbene di tutt'altro genere: "A Londra sono stato bene, ma dopo cinque anni ho voglia di cambiare: non mi interessa un lavoro fisso, e nemmeno programmare la mia vita. Qui sono riuscito a studiare il giapponese facendo conversazione online e in un pub dove ci sono incontri fra stranieri, la mia prossima tappa è Tokyo". Mentre la prossima tappa di Giorgio, da Cagliari, è l'America Latina, dove Hakkasan – uno dei ristoranti più alla moda di Londra, cucina "Chinese fusion", design di Philippe Starck – lo manderà ad addestrare il personale: "Ho una laurea in Marketing aziendale, ma guadagno meglio a fare il capocameriere qui: prima o poi aprirò un ristorante mio, ma per il momento sono felice così".

È l'Unione europea che permette a questi ragazzi e ragazze italiani di lavorare a Londra (paradossalmente, capitale del paese più euroscettico d'Europa) come se fossero in Italia: un passaporto uguale per tutti i ventotto paesi della Ue, libertà di movimento e di lavoro per cinquecento milioni di cittadini. Forse, una volta venuti qui a fare il barista, il cameriere o il cassiere, è difficile rimanere euroscettici.

Poi ci sono quelli come Caterina, che fa la commessa da Clarks su Oxford Street: "Il problema è che non mi fanno lavorare abbastanza, venti ore alla settimana invece che quaranta. È il loro modo di spremerti al massimo, pensano che se ti assumono a tempo pieno ti rilassi e non corri più a cento all'ora", dice mentre detta numeri e modelli al magazzino sottostante attraverso la cuffia con microfono e auricolare che le cinge la testa. "Poco male: cercherò un secondo lavoro part-time per integrare questo, e appena miglioro un po' l'inglese ne cerco uno solo a tempo pieno, in campo artistico... che poi sarebbe quello per cui ho studiato all'università in Italia".

O quelli come Remo, bolognese, che vende vestiti vintage in una delle mille botteghe dello Stable Market, il mercato delle pulci ricavato dentro un ex ospedale vittoriano per i cavalli che un tempo tiravano le chiatte cariche di merci lungo i canali di Londra. E quelli come Elisa di Mestre, ventinove anni, parrucchiera, che sarebbe poi di fatto il mio barbiere: sei sterline per un taglio di capelli, il servizio più a buon mercato di Camden, otto postazioni, ragazzi e ragazze di tutto il mondo con le forbici in mano, aperto sette giorni alla settimana: "Sono stata prima a Miami e ad Amsterdam: in futuro voglio trasferirmi in Australia perché amo il caldo, ma adesso devo migliorare il mio inglese". Un'esigenza di tanti, quest'ultima, ma anche la prova che a Londra non serve parlare perfettamente l'inglese per trovare un'occupazione. "Sì, il lavoro non mi manca... anche se i soldi finiscono in fretta e non faccio una gran vita", racconta. "In pratica lavoro e basta, la sera faccio un salto in palestra e poi a casa, dove condivido una stanza con un'amica, in un appartamento pieno di altri italiani". Spiega che glielo hanno trovato due amici, italiani pure loro, che di lavoro fanno per l'appunto gli affittacamere: "Gestiscono una decina di appartamenti: preparano i contratti di subaffitto, si fanno pagare la quota da ognuno di noi, si occupano delle riparazioni... eh sì, quello è proprio un bel mestiere". Ma lei è contenta anche così: "Un paio di sere al mese si va a ballare in un disco-bar, nel weekend organizziamo cenette a casa nostra, si conosce un sacco di gente. È comunque meglio di Mestre: quando torno in Italia e vedo gli amici di prima non so più di che cosa parlare, mi annoio... io voglio vedere il mondo, non mi interessa mettere su famiglia e fare una vita grama in una squallida periferia... Certo, l'Italia ha delle dolcezze impagabili, ma alla mia età non ci si può fare la parrucchiera, al massimo mi facevano fare la stagista a quattrocento euro al mese per tre mesi e poi via, avanti un altro, e io disoccupata".

E un giorno che Elisa non c'è, a tagliarmi i capelli provvede Matteo, vent'anni, sardo: "Mio padre fa il parrucchiere ad Alghero e mi avrebbe tenuto con sé, il mestiere me lo ha insegnato lui... ma io ho voglia di indipendenza e di avventura, volevo mettermi alla prova e cavarmela da solo con le forbici e per ora ci sto riuscendo".

Ci sono forbici e forbici, in mano agli italiani di Londra, naturalmente. Secondo i tabloid, quelle di Rossano Ferretti, nel suo salone nel quartiere di Fitzrovia, sarebbero il segreto della chioma sempre splendida e perfetta di Kate Middleton: si dice che la duchessa di Cambridge lo abbia chiamato perfino in clinica, subito dopo aver partorito la sua secondogenita Charlotte, per apparire qualche ora dopo davanti ai paparazzi e tornarsene a casa con il marito William e la sua piccola. La futura regina d'Inghilterra, così come sua sorella Pippa Middleton, attrici come Angelina Jolie, Jennifer Lawrence,

Reese Witherspoon, e altre celebrità che preferiscono mantenere l'anonimato, sono tutte clienti abituali di Ferretti, che ha una ventina di negozi sparsi per il mondo, a New York, Los Angeles, presto anche a Pechino, Dubai e Mosca ("Siamo in attesa dei permessi a causa delle tensioni tra Putin e l'Occidente", dice, a conferma che le sanzioni alla Russia possono causare danni perfino a lui), ed è considerato se non il parrucchiere di maggior successo del pianeta certamente il più caro: affidare la propria testa alle sue mani significa sborsare, per una singola seduta di taglio, shampoo e messa in piega, da mille a cinquemila sterline.

"Il taglio di capelli invisibile che solo i ricchi possono permettersi", così il "Times" ha titolato un servizio sul suo stile. In che senso "invisibile"? Nel senso che Ferretti garantisce la massima privacy alle clienti più importanti, quelle che non desiderano essere viste da nessuno, nemmeno dai suoi dipendenti: vengono perciò assegnate a una poltrona speciale, separata dal resto del locale da una spessa tenda nera. "A volte abbiamo guardie del corpo fuori dalla porta, guardie del corpo in ascensore, guardie del corpo dentro al salone", dice lui per dare un'idea del tipo di clientela. Ma non pensa, nonostante la tenda e la riservatezza, di avere prezzi un po' troppo alti per un taglio di capelli? "Non li considero affatto troppo alti. Significano semplicemente che siamo l'élite del nostro settore. Si può decidere di andare a cena in un ristorante con una stella Michelin o con tre stelle Michelin. Si può decidere di dormire in un hotel con due stelle oppure andare al Four Seasons o al Mandarin Oriental, che ne hanno cinque plus. Idem per il parrucchiere. E poi non c'è niente che valga quanto un buon taglio di capelli. Se una donna non è contenta della sua pettinatura, non importa se indossa un abito di Dior... sarà lo stesso a disagio. Qualche volta mi chiamano disperate all'ultimo momento, per esempio durante la settimana degli Oscar, e implorano, 'please, please, vieni da me Rossano', perché stanno impazzendo". E per le clienti più speciali, Ferretti fa anche visite a domicilio, un po' più care, naturalmente.

I primi ferri – è il caso di dire – del mestiere glieli ha dati sua madre, che faceva la parrucchiera a Parma. Ma l'illuminazione l'ha avuta a diciassette anni, quando è venuto a Londra tutto solo, ha visto il negozio di Vidal Sassoon e ha capito cosa serve per diventare un parrucchiere di successo. A vent'anni ha aperto il suo primo negozio a Parma ed era già una rivoluzione: non a piano terra, come tutti i parrucchieri e barbieri, ma al primo piano di un palazzo cinquecentesco, con soffitto alto sei metri, affreschi e lampadari di cristallo. La filosofia del suo negozio di Fitzrovia (oltre alla meravigliosa chioma di Kate) viene da lì.

Di parrucchieri italiani delle dive, peraltro, a Londra ce ne sono due. Il rivale di Ferretti è Lino Carbosero, che vanta tra le sue clienti Madonna, Sharon Stone, Catherine Zeta-Jones e la cantante Adele – almeno a dare retta alle riviste specializzate in pettegolezzi. Ma è grazie a un cliente maschio, dicono i maligni, che Carbosero è diventato il primo parrucchiere nella storia del Regno Unito insignito di un Mbe, acronimo di Most Excellent Order of the British Empire, abbreviabile in italiano in Ordine dell'Impero Britannico, antico ordine cavalleresco che equivale dunque grosso modo al nostro titolo di cavaliere e dà diritto, almeno per i due gradi più alti, a essere chiamati con l'appellativo "sir". Il suo più grande merito, ha scritto infatti in prima pagina il "Daily Mirror", è stato cambiare la pettinatura al leader conservatore David Cameron, spostandogli la riga da destra a sinistra e dandogli così un aspetto più moderno e giovanile. Un restyling che avrebbe giovato all'immagine di Cameron, aiutandolo a vincere le elezioni e a diventare primo ministro. Se non fosse stato per un barbiere italiano, insomma, la storia britannica avrebbe potuto essere diversa. Se migliore o peggiore, non lo sapremo mai. Intanto, però, Lino Carbosero è diventato sir Lino Carbosero.

3.
Un bolognese a Oxford

Un bolognese a Oxford. Non sono io, purtroppo: non mi avrebbero mai preso. Quando l'Italian Society, l'associazione degli studenti e dei docenti italiani di Oxford, mi ha invitato per la prima volta a partecipare a un dibattito nelle aule dell'università più famosa d'Inghilterra – oltre che la seconda o terza migliore del mondo –, è stato solo per via del mio ruolo di corrispondente di "Repubblica" da Londra: e dopo la preghiera in latino del rettore, a passeggiare nel meraviglioso giardino del Christ Church College, a brindare con lo sherry nel salottino riservato ai professori, a cenare nel refettorio in cui hanno girato tante scene dei film di Harry Potter, mi sono sentito quasi un impostore. Impostore perché, pur laureato all'Alma Mater di Bologna – l'unica università d'Europa più antica di Oxford (A.D. 1088 contro A.D. 1096) –, certo non brillavo negli studi; i 30 e 30 e lode del mio libretto alla facoltà di Giurisprudenza erano il risultato degli esami e dei voti in collettivo durante una breve stagione di dimostrazioni studentesche e barricate nelle strade a fine anni Settanta, non certo della mia conoscenza giuridica. Con che diritto, mi chiedevo un attimo prima di prendere la parola davanti all'Italian Society di Oxford, un ex studente svogliato e somaro come me sedeva fra le menti eccelse di un'università dove hanno studiato ventisette premi Nobel, ventisei primi ministri britannici (inclusi Tony Blair e David Cameron), re Harald di Norvegia e re Abdallah di Giordania, Indira Gandhi e Benazir Bhutto, Bill Clinton, per non parlare di Albert Einstein, Stephen Hawking, Lawrence d'Arabia,

Oscar Wilde, Graham Greene, Wystan H. Auden, T.S. Eliot e venti arcivescovi di Canterbury, ovvero i papi della Chiesa anglicana? Girando per le strade di questa secolare cittadella del sapere sembra di respirare intelligenza e io, decisamente, non mi sentivo all'altezza.

Il bolognese che andava a Oxford, fortunatamente per Oxford, era dunque un altro. Un giorno, sull'aereo che da Bologna, mia città natale, mi riporta a Londra dopo una breve vacanza, siede accanto a me un ragazzo. Dalla parte opposta, i suoi genitori. Io nel mezzo. Dopo un po', sentendoli parlare tra loro con l'inconfondibile accento della mia terra d'origine, chiedo: a Londra per turismo? No, rispondono papà e mamma: per accompagnare il figlio a Oxford. Oxford? Oxford intesa come università di Oxford? Da Bologna? Proprio così, risponde il ragazzo. Si chiama Federico Zangani, ha diciannove anni, ha preso la maturità al liceo classico Galvani (voto: 100 e lode), si è iscritto a Oxford alla facoltà di Egittologia e Studi dell'Antico Vicino Oriente. È il primo studente uscito dal Galvani, e credo il primo bolognese in assoluto, ammesso a Oxford. Avvertimento: per entrare a Oxford i soldi non bastano. In ogni caso, non sono certo quelli che ci hanno portato Federico: il padre è rappresentante di commercio, classe media. E allora, se i soldi non bastano (o non servono), come ha fatto ad arrivarci?

"Fin da piccolo i miei mi hanno fatto viaggiare molto, mi portavano sempre con loro all'estero, mi facevano sentire cittadino del mondo. Mi hanno insegnato a coltivare interessi culturali: mostre, musei, teatro. E mi hanno fatto studiare l'inglese privatamente da quando avevo sei anni. Al liceo mi sono appassionato alla storia del Medio Oriente e alle antiche civiltà. Così, al quarto anno, su consiglio di una mia prof, ho fatto richiesta d'iscrizione a Oxford, compilando online un apposito modulo e allegando un tema in inglese su Shakespeare e un saggio su Tucidide in italiano, da me tradotto per l'occasione in inglese, meglio che potevo. Dopo qualche mese, da Oxford mi hanno fatto sapere che avevo superato la selezione preliminare e mi hanno invitato a un colloquio, dove mi hanno fatto moltissime domande su cosa volevo studiare, sul perché mi interessava la storia orientale e su molto altro ancora che con la storia non c'entrava. Non domande nozionistiche. Domande per capire il mio modo di pensare, il mio atteggiamento mentale, la mia personalità, il mio carattere".

È il famoso colloquio di Oxford: l'equivalente delle forche caudine in ambito universitario. Perché si tratta, per stessa ammissione degli esaminatori, di domande impossibili, senza una risposta esatta. Qualche esempio. C'è un legame tra cultura greca e cultura giapponese? Se facesse una passeggiata di mattina fra le nostre facoltà, quali domande si farebbe o quali domande vorrebbe che le venissero fatte? È d'accordo sul fatto che il gioco del golf è basato tutto sulla fortuna? Quanto è confortevole la sedia su cui è seduto? Cos'è un albero? Perché non abbiamo un orecchio in mezzo alla faccia? Mi dica la cosa più interessante su sé stesso. Descriva una patata e la confronti con una cipolla. Se fosse un topo, quale sarebbe la cosa più importante per lei? Ci sono sei candidati e due soli posti disponibili per la sua facoltà, perché uno dei due prescelti dovrebbe essere lei? Qual è il significato della vita? Come funziona una chitarra elettrica? Si possono coltivare funghi nel bagno di casa? I tassisti usano diverse parti del cervello per ricordare le strade? Se ci fossero tre bellissime donne nude davanti a lei, quale sceglierebbe? Dia un prezzo a questa teiera. Perché le fiamme vanno verso l'alto? Esiste il linguaggio? Confronti l'influenza aviaria e gli uragani. Perché qualcuno dovrebbe andare a vivere in un posto come l'Islanda? Spieghi la vita di Naomi Campbell. Se sta piovendo, ci si bagna meno a correre o a camminare? Una tazza di caffè si raffredda più rapidamente se il latte è aggiunto prima o dopo aver mescolato lo zucchero? Lei si definirebbe un figo?

A vedermelo accanto sull'aereo, non avrei definito Federico Zangani un figo: piuttosto un ragazzo d'aspetto normale, apparentemente serio, sicuramente ben educato. Di certo sarei sprofondato, al suo posto, a dover rispondere a domande simili. Lui invece se l'è cavata egregiamente. "Sono tornato a Bologna, è passato un altro po' di tempo e poi Oxford ha comunicato alla mia prof di inglese al Galvani, Susanna Magnani, che ero stato accettato. Le hanno fatto i complimenti per la preparazione che mi ha dato". Gli chiedo qual è la cosa più importante per entrare a Oxford, il consiglio che darebbe a un giovane della sua età: "La capacità di studiare molto. Di stare molto su un libro. Di impadronirsi con estrema sicurezza delle nozioni che si apprendono. Insomma, la determinazione a non accontentarsi, quando ti pare di sapere già bene una regola o un concetto, per continuare a studiarlo, ad approfondirlo, finché te ne sei impossessato completamente".

Ecco perché mi sono sentito un impostore a Oxford, ho pensato, ascoltando questo ragazzo neanche ventenne parlare così. Ed ecco perché ho fatto il giornalista, un mestiere che notoriamente si ferma quasi sempre alla superficie delle cose, in mancanza di tempo – per tacere della voglia – per approfondirle troppo.

Qualche lettore potrebbe chiedersi: sì, va bene, ma cosa c'entra Oxford? Questo non era un libro su Londra? Ebbene, la verità è che Oxford è un'emanazione di Londra, un sobborgo – geografico e mentale – della metropoli: ne fa parte, appartiene a Londra così come le appartiene Cambridge, l'altra leggendaria cittadella universitaria inglese (non per nulla le chiamano "Oxbridge", come fossero una cosa sola, benché siano acerrime rivali in tutto, comprese le gare di canottaggio che si disputano ogni estate sul Tamigi). Sono entrambe a un'ora di treno dalla capitale, una a nord-est (Cambridge), l'altra a nord-ovest (Oxford); e i treni in questione sono sempre pieni di pendolari del sapere accademico che vanno nelle due direzioni, studenti e professori che passano una giornata o qualche ora a Londra e poi tornano alle loro facoltà, o viceversa.

Oxford e Cambridge sono le due torri d'avorio da cui si avvista la sterminata città, come una guarnigione distaccata che però fa parte dell'accampamento. Beninteso, a Londra-Londra, ovvero dentro i confini veri e propri della città, le università non mancano: ce ne sono quarantatré, la più alta concentrazione di studi superiori d'Europa. Se prendessimo tutti i suoi studenti, tutti i suoi docenti, tutto il personale non insegnante delle sue università, faremmo una città di duecentomila abitanti: altro che "cittadella" universitaria. E fra loro gli italiani sono migliaia, in ogni categoria, undergraduate, postgraduate, PhD, diplomi di laurea, master, dottorati di ricerca.

Fino a una decina d'anni or sono, l'università in Inghilterra era quasi gratis, come da noi: nel 2003 si pagavano mille sterline di retta all'anno. Poi il governo di Tony Blair le ha portate a tremila, e quello conservatore di David Cameron a novemila (circa dodicimila euro). Laurearsi vuol dire spendere trentacinque-quarantamila sterline (pari a cinquantamila euro e più), cifra che evidentemente non tutti possono permettersi, a cui vanno aggiunte le spese di mantenimento (vitto, alloggio ed extra vari) per gli studenti fuori sede. Motivazione dell'aumento da mille a novemila sterline l'anno: in tempi di tagli al bilancio, lo Stato non poteva più permettersi l'onere di un'istruzione superiore gratuita, o quasi, per tutti. O meglio, forse avrebbe anche potuto permettersela, ma al costo di un abbassamento della qualità, intesa come rapporto numerico docenti-studenti, ricerca scientifica, strutture. In Gran Bretagna l'università è un'industria, ed è considerata la seconda industria dell'istruzione migliore del mondo, dopo quella degli Stati Uniti: tutti cercano di mantenerne alto il profilo perché tutti hanno da guadagnarci. A perderci sono gli studenti, che rischiano di finire gli studi con un sostanzioso debito. In cambio, lo Stato ti presta tutto, indipendentemente dal reddito della famiglia: puoi restituire i soldi della "tuition" – cioè della tassa di iscrizione – e quelli di un secondo prestito più piccolo per le spese di mantenimento, a tasso agevolato dopo la laurea, e i soldi ti verranno chiesti indietro solo quando hai venticinque anni, se hai un lavoro e guadagni almeno ventiduemila sterline l'anno. Sistema controverso e non esente da critiche: ciononostante, gli studenti stranieri arrivano a frotte da tutto il mondo. Italiani compresi.

Fanno parte anche loro della "Piccola Italia" londinese. Perché ci vengono? Cosa cercano? Cosa trovano? Ogni storia è diversa, ma tutte hanno qualcosa in comune.

"Come mi sono ritrovata a Londra non saprei raccontarlo di preciso", comincia a dire Virginia Simonazzi, vent'anni, da Reggio Emilia, ma poi lo racconta piuttosto bene. "Ricordo l'ultimo anno di liceo classico a Reggio, l'ansia per l'esame di maturità, farsi domande sul futuro e non trovare risposte. L'unica certezza che mi ha sempre accompagnato è la passione per l'arte: visitare musei e leggere biografie di artisti, scoprire il mondo dentro le cornici dei quadri ed entusiasmarsi sfogliando riviste e giornali dedicati all'arte... mi è sempre piaciuto. Quando è venuto il momento di decidere il mio futuro, una carriera nel mondo dell'arte mi è però stata sconsigliata da chi di quel mondo faceva già parte: i tagli alla cultura da parte del governo italiano, le poche opportunità per i giovani, un sistema arretrato e mal funzionante... Cercavo soluzioni alternative. Non volendo rinunciare alla mia passione, studiare all'estero era una delle possibilità che mi avevano suggerito i miei genitori e Londra sembrava offrire una tale varietà di università e istituti artistici da rappresentare una speranza concreta. Senza pensarci troppo ho fatto domanda e nel giro di poche settimane tre delle cinque università a cui avevo inviato una richiesta di iscrizione mi hanno offerto un posto. Londra stava diventando qualcosa di reale, non più una possibilità teorica. Era una scelta di vita e, con un po' di coraggio, mi sono 'buttata'. Ho accettato, e nel giro di pochi mesi è diventata la mia nuova realtà".

Rendersi conto di vivere a Londra, ammette Virginia, non è stato però istantaneo: "A volte sembrava un sogno, camminare lungo il Tamigi con le luci che si riflettevano sull'acqua, poter visitare tutti i giorni i musei e le gallerie d'arte di cui prima leggevo solo i nomi su libri e giornali, perdersi tra la gente, sentirmi libera e felice di vivere in una grande città". Bello, sì, ma la vita londinese non è sempre così rosea: "A volte il sogno si trasforma in incubo: il caos e il rumore incessante del traffico, le sirene delle ambulanze e della polizia che tagliano l'aria, il cielo sempre grigio, la pioggia, i prezzi altissimi, lo sforzo di parlare una lingua diversa dalla propria e scoprire, spesso, di non essere capita... Venire a studiare a Londra vuol dire anche sentirti solo perfino quando sei in mezzo a un mare di persone, vedere la gente che ti passa accanto di corsa senza uno sguardo o un sorriso e pensare allora alle passeggiate nelle vie della mia cittadina, quando mi fermavo a bere un caffè in un posto qualunque e finivo per chiacchierare anche con il barista. Col tempo, però, mi sono abituata alla fretta della gente, al cielo grigio e anche alla pioggia. Ho cominciato a capire meglio l'inglese e a farmi capire". E dopo due anni di studio, Virginia scopre che l'università è diventata la sua casa. "La mia facoltà non è solo il luogo in cui ci insegnano la storia dell'arte in maniera accattivante e diversa da un noioso approccio accademico, è anche il posto dove le nostre opinioni, i nostri progetti e i nostri sogni vengono ascoltati e apprezzati, hanno motivo di esistere. A differenza dell'Italia, le classi sono composte da pochi studenti: siamo costantemente invitati a confrontarci con i docenti, esprimendo opinioni e, se è il caso, critiche. Ogni giorno veniamo esortati a reinventare il nostro futuro sulla base dei progetti che l'università ci offre. All'interno dell'istituto ognuno di noi è qualcuno, siamo conosciuti e riconosciuti, non siamo studenti ma individui. Il lavoro è tanto e pesante, ma abbiamo una biblioteca aperta ventiquattr'ore su ventiquattro, sette giorni su sette, e prima degli esami ci passiamo dentro le serate, se non le notti intere, a studiare. Non ho frequentato l'università in Italia e dunque non posso fare confronti, ma senza dubbio amo ogni minuto trascorso nella mia università londinese e mi sento pienamente coinvolta, non solo nel mio corso di studi, ma nella vita studentesca in generale: faccio parte della squadra di pallavolo, del club artistico e pratico tante altre attività che mi fanno dimenticare che in una grande città ci si può sentire soli, che il cielo è grigio e piove spesso".

E il futuro? Dove lo vede? "L'Italia mi manca. Mi mancano gli amici, il cibo e le vecchie abitudini, ma non mi manca il sentirmi ripetere che da noi non esistono spazio o possibilità per le mie aspirazioni. Sogno di lavorare nel mondo dell'arte, di fare la curatrice di un museo, di organizzare mostre. E penso che a Londra, se ci si mette d'impegno, una via per realizzare quel sogno – o almeno andarci vicino – esiste. Non c'è cosa più bella, a vent'anni, che sperare di poter realizzare i propri sogni".

Virginia ha deciso di venire a Londra quasi per caso, alla fine del liceo. Alessio, vent'anni, siciliano, ci pensava da sempre. "A Palermo, al liceo classico, non riuscivo ad appassionarmi alle materie che studiavo, specie per come studiavo e per l'ambiente che mi circondava. Mi pareva che la scuola fosse abbandonata a sé stessa e offrisse a noi studenti appena il minimo indispensabile, giusto le ore di lezione previste dai programmi ministeriali. Svogliato, ma in cerca di esperienze più stimolanti, a sedici anni ho deciso di trascorrere un anno scolastico all'estero. Così sono finito a Lonanedh, un paesino poco distante da Edimburgo, presso una famiglia che mi ha dato un 'fratello' danese e una nonna scozzese. Non era facile, all'inizio, eppure giorno dopo giorno cresceva in me il desiderio di vivere lontano dall'Italia, piuttosto che la nostalgia di tornarci. Non perché odi l'Italia, al contrario... io amo il mio paese e la mia città. Ma in Scozia mi pareva di poter credere di più nel futuro. Tornato a casa dopo quella esperienza, in cuor mio avevo già deciso: avrei fatto di tutto per frequentare l'università nel Regno Unito. Nel modulo con le domande di iscrizione ho inserito anche Londra e sono stato accettato. Studio International Business e cinese... le due cose qui si possono fondere insieme, pensa un po'! È fantastico ritrovarsi a studiare con gente di tutto il mondo, ognuno con una storia diversa da raccontare. Quando dico loro che sono siciliano, la prima parola che sento è sempre la stessa: mafia! Ma poi mi ascoltano e capiscono che la Sicilia non è soltanto mafia". Il bene più prezioso che Alessio ha ricavato sinora dallo studio e dalla vita a Londra è l'autostima: "Confesso che prima, in Italia, mi sentivo una nullità. Ora ho dimostrato a me stesso che riesco a cavarmela da solo, anche in un ambiente sconosciuto, diverso e a tratti difficile... come sempre succede quando scegli una via nuova al posto della vecchia".

Giulia, ventitré anni, da Piacenza, dopo aver ottenuto la laurea triennale in Italia è stata accettata alla famosa London School of Economics, l'università di *social sciences* – scienze politiche, diremmo noi – più famosa del mondo, dove ha scoperto che gli studenti non corrispondono allo stereotipo che lei aveva in mente: "Non sono tutti intellettualoidi, snob e radical chic". Ma ammette che a Londra "tutto va più veloce e questo modo di vivere a duecento all'ora alla lunga potrebbe essere logorante: il ritmo è molto intenso e mi chiedo se la qualità della vita non ne risenta". Lei infatti non ha intenzione di fermarsi: dopo la laurea vuole tornare in Italia, ma per non restare nemmeno lì, visto che la sua ambizione è intraprendere la carriera diplomatica, il che significa girare il mondo. "E chissà, a forza di girarlo, magari mi ritroverò proprio a Londra!".

Federica ha una laurea triennale in Scienze umanistiche per la comunicazione a Firenze: sognava di fare giornalismo, ha fatto cinque mesi di stage alla "Nazione", il quotidiano fiorentino, poi è andata a sbattere contro un muro virtuale: nessuna possibilità di assunzione in vista. Così, dopo un po', ha pensato di fare un master in giornalismo all'estero; e dato che il suo inglese non era abbastanza buono è partita per Dublino, ha trovato lavoro come cameriera a servire pinte di birra e stufato all'irlandese in un pub, si è pagata da sé la scuola privata d'inglese e l'affitto, e adesso fa il master in giornalismo, come voleva, alla Brunel University di Londra. Soddisfatta? "Londra è come una città drogata, affascinante

41

e caotica. Vorrei poter essere sempre al centro della giostra, invece abito in zona sei del metrò e fare avanti e indietro è un'operazione che costa tempo e denaro. Forse sarebbe stata meglio Dublino, più piccola, con un ritmo più umano. Anche Firenze, certo, è piccola e bellissima, ma mi andava stretta. Non vorrei tornare indietro".

Francesca, ventiquattro anni, a Londra da due, riassume la sua esperienza con un autoironico *refrain*: "niente di nuovo". "Arrivata a Londra per finire gli studi: niente di nuovo, lo facciamo in tanti. Accettata alla London School of Economics, 10.800 studenti, di cui duecento italiani: niente di nuovo, non ho fatto nulla di speciale. Per andare al ristorante, al cinema, alle mostre, ai concerti, o prenoti settimane prima o ti metti in coda, o entrambe le cose: niente di nuovo, così funziona in Inghilterra. Niente di nuovo, ecco, credo che sia stata questa la più grande lezione di Londra". Ma poi spiega che, autoironia a parte (niente di nuovo: anche lo humour si apprende stando a Londra), qualcosa di nuovo lo ha imparato. "La libertà di scegliere con metodo, è questo che ti insegna l'università inglese. Non puoi imparare tutto, meglio poche cose ma studiate bene, con pensiero critico, capacità di sintesi e organizzazione. E poi ti insegna l'importanza di crearsi una rete, un network di contatti e conoscenze – umano, non solo virtuale. Le discussioni iniziate al mattino in classe si riaccendono la sera davanti a una pinta al pub. 'Niente di nuovo'," conclude, "per me è la responsabilità di portare avanti dei progetti o di fare un passo indietro se non ne hai, di avere sempre punti di riferimento o di poterli cercare perché ci sarà sempre qualcuno bravo quanto te con cui competere correttamente, o qualcuno più bravo da cui imparare. 'Niente di nuovo' vuol dire poter cambiare in fretta, ma anche pensare che tutto cambia in fretta. E quindi credere che un giorno potrebbe cambiare anche l'Italia, e magari dare una mano a cambiarla, perché lamentarsi e basta, in inglese, non suona bene".

Angelo Martelli è nato a Salerno, ha ventisei anni, e alla

Lse è il presidente dell'Italian Society. Figlio di due insegnanti, determinato, ambizioso e con le idee chiare, forte di quattro *summer schools* in Inghilterra e negli Stati Uniti per imparare l'inglese, a sedici anni vince una borsa di studio per la Schule Schloss Salem, tostissima scuola di élite tedesca sul lago di Costanza. Ci va, si scontra con lo snobismo dei figli di milionari che non accettano un ragazzo di origini modeste, tiene duro, si diploma, poi viene accettato alla Bocconi per un corso triennale di International Management. Fa un master in un'altra università durissima, la Pompeu Fabra di Barcellona, in un ambiente "permeato da una competizione malsana che ti faceva sprofondare nello sconforto: basti dire che in quattro anni ci sono stati due suicidi fra gli studenti". Viene lasciato dalla fidanzata rimasta a Milano, ma mette la carriera davanti agli affetti e parte per un PhD a Londra, appunto alla Lse. "Un ambiente che offre mille stimoli, ma esige molto, non puoi sbagliare un colpo", ammonisce quelli che volessero seguire la sua strada. Sono in fondo poco più che ragazzi e ragazze, questi studenti, ma sembrano già piccoli uomini e piccole donne: seri, maturi, con le idee piuttosto chiare e un carattere deciso.

Giorgio Buttironi, ventisei anni, milanese, prima si è laureato in Storia alla Winchester University – un'ora a sud di Londra –, poi ha preso un master alla Durham University – un'ora a nord –, quindi un secondo master alla Lse. "Non me ne sono andato all'estero perché non mi piaceva l'Italia. Anzi, la adoro, pur con tutti i suoi ben noti difetti", spiega. "Me ne sono andato perché ho sempre avuto due passioni, la storia e la politica, e pensavo che l'Inghilterra avrebbe potuto darmi più sbocchi professionali per entrambe".

Cosa serve per venire qui a studiare e poi per sperare di trovare lavoro? "Serve sapere bene l'inglese, ovviamente questa è la prima cosa. Un rischio, quando arrivi, è passare troppo tempo con gli altri italiani – e qui ce ne sono a bizzeffe –, senza integrarsi e senza imparare nemmeno la lingua". Lui l'ha imparata così bene che dall'accento quasi non si capisce più la sua provenienza: straniero, sì, ma di dove? Vorrebbe fermarsi in Inghilterra, pensa di prendere, prima o poi, la doppia cittadinanza. Gli piacerebbe lavorare per un deputato alla Camera dei Comuni. Ha cominciato come attivista volontario e poi assistente di un parlamentare nella circoscrizione della sua prima università. Consigli per farsi assumere? "Nella lettera di accompagnamento del curriculum, less is more: il tuo potenziale datore di lavoro ha trenta secondi al massimo per leggerla, quindi non dilungarsi, badare al sodo. Bisogna metterci almeno una frase che colpisca l'attenzione di chi legge. Poi spiegare perché si è interessati proprio a quel determinato lavoro. Quindi parlare brevemente delle esperienze lavorative o degli stage fatti. E comunque il cv non deve mai essere più lungo di due pagine". Naturalmente, la caccia al lavoro non finisce inviando il curriculum vitae. "La regola è che ne mandi cento, vieni invitato a dieci colloqui e, se ti va bene, un'azienda ti offre un posto in prova, con il quale devi guadagnarti l'assunzione". La chiave è il colloquio con il datore di lavoro, e può esscrcene più d'uno. "Suggerisco di fare ricerche, almeno con Google, sull'azienda a cui si presenta domanda d'assunzione, in modo da saperne il più possibile, prima del colloquio".

Lui ne ha fatti una ventina, prima di essere assunto dalla Confindustria del settore immobiliare: 23.500 sterline lorde l'anno. Ci sono voluti cinque anni di studi, due di ricerche di lavoro, una laurea, due master e più di cento domande di assunzione, oltre a tanta pazienza. Ma così si mette un piede dentro il sistema, a Londra. Anche se sei italiano e non conosci nessuno.

Margherita è venuta a Londra per un master in scrittura teatrale. "Non tanto per scelta, quanto per esclusione: fosse dipeso da me, sarei stata felice in Italia. Ma di questi tempi starsene felici in Italia è difficile, soprattutto se stai cercando lavoro e hai appena finito l'università". Londra le è piaciuta subito: "Con tutti gli stranieri che ci si trasferiscono ogni anno, gli inglesi hanno imparato a non storcere troppo il naso di fronte a pronunce strampalate e acrobazie sintattiche". Le piacciono i trasporti pubblici che ti portano dappertutto a qualsiasi ora del giorno e della notte. "E il fatto che nessuno bada a come si vestono gli altri. O meglio: a nessuno importa troppo di cosa fanno gli altri, in generale. Almeno finché il loro comportamento non crea fastidi a qualcun altro. La possibilità di essere invisibili è una delle cose che apprezzo di più del vivere in questa città, anche se c'è l'inevitabile rovescio della medaglia, Londra è capace di far sentire soli anche i lupi più solitari". Altra osservazione critica: "Londra non premia la spontaneità. È difficile improvvisare una cena con gli amici perché tutti hanno già qualche impegno, ed è impossibile trovare un biglietto per uno spettacolo o un concerto se non con largo anticipo. A Londra si è costretti inevitabilmente a pianificare, prendendo appuntamenti da segnare in agenda con settimane o addirittura mesi di anticipo".

I primi tempi, Margherita guardava i londinesi e li trovava un po' folli. "Quelli che fanno jogging di ritorno dal lavoro con l'abito o il tailleur ripiegato nello zainetto catarifrangente, quelli che pranzano mentre viaggiano in metropolitana con un piatto da asporto, le donne che si truccano in autobus la mattina dirette in ufficio. Ora questi comportamenti non mi sembrano più così bislacchi. La città è grande e il tempo per fare tutto è poco: bisogna cercare di non sprecare neanche un minuto". Quanto al suo futuro, dice che Londra offre opportunità per tutti, se sei risoluto. "Un mio amico è arrivato due anni fa senza esperienza e curriculum, ma grazie alla sua determinazione è passato dal fare il cassiere in un grande magazzino all'ufficio stampa di un celebre stilista. Ma non funziona così per tutti: molti stranieri finiscono per accontentarsi di lavoretti che a casa probabilmente avrebbero disdegnato". Lei, anche se non è ancora riuscita del tutto a raggiungere i risultati che si era prefissata, non si dà per vinta: "Mentre piano piano pongo le basi per un futuro da autrice teatrale, metto a frutto i miei studi e guadagno qualcosa in ambiti che mi interessano. Solo per questo, anche se l'Italia mi manca davvero molto, per adesso ho scelto di vivere qui".

Chiara Trincia aveva l'espatrio nel sangue: è nata e cresciuta a New York perché i suoi genitori, entrambi italiani, lavoravano lì; a sedici anni, quando la famiglia ha deciso di rientrare in Italia, è arrivata a Roma, ma sognava sempre di tornare nella "città che non dorme mai". E siccome la Grande Mela era troppo lontana, ha scelto la versione un po' più economica e più vicina, una città che per molti europei rappresenta "il sogno inglese". "Ho fatto quattro anni di università alla UCL, la University College London, vivendo in studentati molto diversi ma ugualmente poco attraenti, senza incontrare mai nessun Hugh Grant o nessuna Julia Roberts passeggiando per Notting Hill". Si è laureata in Relazioni internazionali, è finalmente tornata per un po' a New York per uno stage all'Onu, poi è andata a Ginevra per un master, ha fatto stage e volontariato in Africa con ong e organizzazioni internazionali e adesso è di nuovo a Londra, a lavorare per una grande *charity*, un'associazione di beneficenza. Ha un lavoro, un *boyfriend*, degli amici, la famiglia a due ore di aereo, e anche se lo spettro affascinante di New York continua a chiamarla per ora sta qui – o meglio, un po' qui e un po' in Africa occidentale, dove la *charity* la manderà in missione per qualche mese. "Se c'è un consiglio che posso dare ai miei coetanei", conclude con sinteticità anglosassone, "è uno solo: esplorare".

Esplorare. Soltanto i giovani hanno di questi momenti, si sarebbe tentati di commentare, citando il famoso incipit di Conrad in *La linea d'ombra*. E quelli che hanno già varcato la linea d'ombra, che sono un po' meno giovani, ma con i giovani continuano a vivere a quotidiano contatto, che tipo di momenti hanno? Sognano ancora di "esplorare"? Cosa pensano di Londra? Come vivono, cosa desiderano, i professori, ricercatori, docenti della Piccola Italia londinese? Immaginiamo di essere seduti al bar della nostra cittadella italiana londinese – diciamo al Bar Italia di Soho, perché no?, il bar della piazza immaginaria della piccola città italiana di Londra – e immaginiamo di incontrarli uno dopo l'altro quando vengono a prendere il caffè.

"Sono arrivata a Londra nel 2013, una settimana dopo aver discusso la tesi di dottorato, proprio sull'emigrazione italiana a Londra, presso l'Università di Urbino", dice la pesarese Sara Marino. "Avevo deciso di trasferirmi per una serie di motivi: senza dubbio, l'amore per questa città, dove avevo già vissuto nel 2010 proprio per raccogliere i dati e le interviste utili alla mia tesi; ma soprattutto, la voglia di mettermi in gioco e di dare una svolta alla mia carriera universitaria, le cui prospettive in Italia non sembravano molto rosee. La motivazione è stata dunque principalmente professionale: ero nauseata da quello che avevo vissuto durante il dottorato a Urbino... la mancanza di indipendenza professionale, il poco coraggio nell'investire in tematiche di ricerca inesplorate, l'assoluta mancanza di umiltà di alcuni docenti, la non trasparenza delle logiche di accesso a determinate posizioni". È stato facile, allora, ambientarsi a Londra? "Non direi. Sono partita dopo aver lavorato per un anno in Italia come hostess, promoter, cameriera, addetta al volantinaggio e insegnante di inglese, per mettere da parte i soldi necessari. Sono arrivata senza alcuna certezza".

E allora come hai fatto? "Il problema di molti italiani che approdano in Inghilterra è spesso e volentieri l'ingenuità. E la convinzione di potercela fare senza particolari sforzi, o senza un adeguato livello di conoscenza della lingua inglese. In realtà, Londra non ti regala niente, non te la fa passare liscia se non hai voglia di combattere per raggiungere i tuoi obiettivi; si muove a un ritmo velocissimo, è molto competitiva, piega come un fuscello chi non è pronto a lottare con le unghie e con i denti. Studiare i social media, e la maniera in cui gli italiani a Londra vivono il web, davvero mi ha fatto capire che alla base della fuga di molti nostri connazionali c'è un'ignoranza di fondo sulla realtà londinese, su come funziona qui il mondo del lavoro, sui requisiti minimi per avere una vita decente, pur lontani da casa e dagli affetti. Molti tornano in

Italia dopo qualche mese o un anno, tanti credono che Londra sia ancora l'Eldorado di qualche decennio fa... ma la crisi economica, l'aumento del costo della vita, la presenza di tanti giovani di tutto il mondo, laureati e con esperienza, che competono per pochissimi posti di lavoro rendono il confronto con la capitale uno scontro ad armi impari".

Però tu ce l'hai fatta. "La mia situazione si è stabilizzata dopo un anno. Ho fatto una serie di colloqui con diverse università e alla fine ho accettato un incarico part-time come *research fellow* alla University of Westminster, che mi ha permesso di mettere un piede nel mondo accademico inglese e anche di capire come funziona. Avevo bisogno di arricchire il mio curriculum, povero perché l'università italiana non incoraggia i dottorandi a fare pubblicazioni su riviste internazionali. Dovevo mantenermi, perché il salario dell'università non bastava, e così ho fatto per mesi la cameriera dalle sei del mattino alle due del pomeriggio, un turno che mi permetteva di seguire le lezioni pomeridiane dell'università. Intanto seguivo anche dei corsi d'inglese per migliorare la lingua e cercavo di inviare articoli a riviste scientifiche. Lentamente, passando le sere e i weekend a studiare, le cose sono migliorate. Ho avuto un posto come *lecturer*, lettore, a Westminster, ora collaboro anche con la Central Saint Martins University, viaggio per conferenze e convegni".

E dunque sei contenta. "Mentirei se dicessi di non chiedermi mai chi me l'ha fatto fare. Confrontarsi con una realtà diversa, in un paese straniero, senza amici o la famiglia accanto, non è semplice. Richiede dosi abbondanti di determinazione, voglia di lavorare a testa bassa, poche lamentele. La difficoltà di creare buoni rapporti interpersonali rende ancora più lento il processo di integrazione. Molti dei ragazzi che ho intervistato per il mio dottorato lamentano l'incertezza e l'ansia di vivere in una città circondati da stranieri: i loro coinquilini sono spesso sconosciuti che si vedono solo nel weekend perché affaccendati a loro volta con il lavoro, i colleghi rimangono il più delle volte soltanto colleghi, molti giovani fanno turni massacranti di lavoro al minimo sindacale. Io sono stata abbastanza fortunata: ho una coppia di amici che sono il mio punto di riferimento, convivo con un ragazzo italiano che mi appoggia nelle mie scelte e vedo alcuni colleghi anche al di fuori del mondo accademico".

Qual è dunque la sfida più importante per gli italiani che vengono qui? "Crearsi un network di persone con cui condividere i momenti positivi e negativi della vita londinese, con cui uscire nel fine settimana o a cui poter chiedere un consiglio. I social media hanno in parte sostituito i contatti interpersonali di una volta: dagli annunci di lavoro agli affitti di camere con altri italiani, dall'organizzazione di eventi alla condivisione di problematiche quotidiane, tutto passa dal web. Comunque, in definitiva chi rimane a Londra è perché ci crede con tutte le fibre del proprio corpo, perché non si accontenta di sopravvivere in un paese che ha smesso di scommettere sui giovani, perché vuole mettersi alla prova. Londra te la sudi, la devi conquistare, ma se lo fai finirà per ripagarti dei sacrifici e ti renderà orgoglioso di quanto hai raggiunto, da solo, senza chiedere aiuto a nessuno. Anch'io sono orgogliosa di essere arrivata dove sono senza passare da scorciatoie e raccomandazioni, ma amo il mio paese e la mancanza della famiglia è sempre un tarlo che mi rode in testa. Tanti connazionali che sono emigrati qui, in fondo sperano un giorno di tornare... e io stessa coltivo la speranza di poter sfruttare quello che ho imparato all'estero, di poterlo restituire al mio paese".

Dal nostro Bar Italia esce Sara ed entra a prendere un caffè Giulia Faggio: anche lei insegna alla Westminster, dopo aver fatto la ricercatrice alla Lse. È nata a Vercelli, laureata in Bocconi, un master in Germania, tre anni di dottorato in Belgio, uno in Norvegia. Poi l'Inghilterra.

Cosa ti piace di Londra? "Posso comprare i biglietti per i Jersey Boy con lo sconto al TKTS booth di Leicester Square il sabato mattina e andare a vedere lo spettacolo la sera stessa, non è del tutto vero che devi organizzarti sempre in anticipo. Posso vedere Shakespeare all'Open Air Theatre di Regent's

Park. Posso andare a un concerto alla Royal Albert Hall. Posso frequentare corsi serali di *head massage* e di *glow yoga* il sabato mattina. Mi piace che la città sia così internazionale e cosmopolita. Condivido l'ufficio con una ragazza portoghese e con un giovane algerino. Condivido l'appartamento con una ragazza del Kazakistan. Il mio padrone di casa è cinese. Ho amici tedeschi, spagnoli, americani, brasiliani, australiani, neozelandesi. E anche, udite udite, alcuni amici inglesi".

Che cosa non ti piace? "Londra va sempre di fretta e consuma le tue energie. Appena arrivi cominci anche tu a correre invece di camminare, anche se non sempre sai il perché. Capisci presto che l'unico modo di realizzarsi è il lavoro, qui sei definito per quello che fai, non per quello che sei. E anche se i soldi non fanno la felicità, a Londra sono molto importanti. Poi impari che quando il tuo capo inglese ti dice che puoi fare una cosa, ma senza grande entusiasmo, quello è un no, vuol dire che quella cosa non dovresti farla. Ho perso un lavoro per non averlo capito in tempo, gli inglesi hanno un loro modo di dire no, molto diverso da quello di noi italiani. Poi, non mi piace il classismo: il tuo destino è in parte segnato dalle scuole che hai frequentato. E devi imparare a non esprimere le emozioni troppo apertamente, a salutare senza strette di mano o abbracci. Meglio non toccare gli altri".

Ciao Giulia, noi siamo italiani, la mano possiamo stringercela. Ed ecco, al bar arriva Stefano Jossa, professore di letteratura (e scrittore).

Da quanto sei a Londra, Stefano? "Ci sono arrivato otto anni fa e confesso che non mi sarei mai aspettato di pronunciare una frase del genere, perché la mia intenzione era restarci non più di due, tre anni: mi sembrava una città da vivere in profondità, ma anche da attraversare e poi lasciare, come fanno i veri Londoners, che a trentacinque-quarant'anni se ne vanno a vivere nei sobborghi, dove la qualità della vita è generalmente molto più alta. Avevo il tipico sentimento dell'espatriato, che non è un esule né un emigrato, né un cervello in fuga, bensì chi se n'è andato portando sempre con sé la propria origine. Come poteva essere diversamente per uno che insegna letteratura italiana a Londra? L'Italia era e resta il mio oggetto di studio, la mia passione intellettuale, il grande amore che dura più a lungo se resta non del tutto consumato. 'Vedrai, all'estero troverai tutto quello che qui non hai trovato, l'Italia è moribonda, Londra invece...' Me lo dicevano un po' tutti in Italia, soprattutto i professori universitari che mi avevano classificato al secondo posto in più di dieci concorsi o al terzo se a vincere il posto erano i primi due. Londra allora era il riscatto, la rivincita, il riconoscimento, l'affermazione, la liberazione. Eppure era un altro mondo, linguisticamente e culturalmente: ero arrivato da pochi mesi quando mi capita di leggere un folgorante aforisma di Arbasino che invitava gli italiani ad andare all'estero, tutti, tranne quelli che lavorano con la lingua italiana: 'Andarsene dall'Italia? Benissimo se si è cuochi, sarti, scienziati eccetera, ma se si è scrittori e si lavora con la lingua italiana, il solo paese estero dove la si può adoperare è il Canton Ticino'. Poco dopo mi capita di imbattermi in un verso di Mandel'stam che ricordava che una lingua straniera non sarà mai la tua e non ti permetterà mai di esprimere davvero te stesso: è come cercare di oltrepassare il vetro del bicchiere con i denti. All'università, infatti, sentivo di continuo espressioni che non capivo, i famosi acronimi o sigle con cui gli inglesi concentrano al massimo il loro sforzo comunicativo e linguistico: per esempio, l'espressione 'dogs', che per me era il plurale di cane, solo mesi dopo ho scoperto che significava Director of Graduate Studies. E poi insegnare qui, agli studenti inglesi, per uno che veniva dalla scuola italiana, senza conoscere i programmi televisivi che guardavano gli studenti, le loro canzoni, le favole lette dai genitori per farli addormentare, rischiava di ridursi pericolosamente a un compito d'ufficio, comunicazione e trasmissione di nozioni, astratto e avulso dal contesto, dalla realtà, dalle questioni critiche e conoscitive che avevo sempre avuto a cuore".

Ma lasciamo stare cosa provavano i tuoi studenti: tu cosa provavi? "Meraviglia per la vita sociale. Come potevano gli universitari andare in massa al pub alle sei del pomeriggio, come se il loro fosse un lavoro d'ufficio? Come potevano finire la giornata alle sei, chiudendosi tutto alle spalle per poi riaprirlo solo il giorno dopo? Come si poteva cenare alle sette, lasciando a uno stanco e sonnolento dopocena la parte migliore del giorno per la vita della mente? La vita della mente: qui era il mio problema".

In che senso? "Ero venuto a Londra per scoprire nuovi stimoli intellettuali, curiosità, progetti, e mi trovavo fagocitato da una macchina organizzativa che mi chiedeva padronanza linguistica, precisione, puntualità, omologazione, integrazione. Certo, Bloomsbury, dove vivevo prima di trasferirmi anch'io nei sobborghi, mi offriva tutto: il British Museum e la British Library, mostre fantastiche, cinema con i film appena usciti e anche quelli del passato, e poi lì vicino i teatri del West End, i concerti del Barbican... Tutto di corsa, però. Come fai a goderti un concerto se sai che ne stai perdendo altri due? Come fai a rilassarti a teatro, se dopo devi correre a una festa dall'altra parte della città? Londra ti dà il capogiro, un effetto di vertigine che ti cattura e ti imprigiona, ti esalta e ti rende dipendente". Cito la vecchia massima del dottor Johnson: chi è stanco di Londra è stanco della vita, perché a Londra c'è tutto quello che la vita può offrire. "Fare tutto: vivere a mille. Così avevo affrontato Londra all'inizio: solo dopo ho capito che dovevo imparare a scegliere, ritagliarmi il mio spazio, accettare l'anonimato che questa città ti impone dopo averti illuso che sia possibile il protagonismo". E come si fa a scegliere? "Quando, ormai in piena notte, a un party comunicavo al padrone di casa che me ne andavo, mi aspettavo le solite moine all'italiana: dai, resta un altro po', l'ultimo bicchiere... Ma vedevo gli altri ospiti, gli inglesi, proclamare seccamente 'I'm off' e sparire. 'I'm off' è stata la mia ossessione per anni. Non ci credevo. Quando un invitato a una mia festa me lo diceva, pensavo che avrebbe cominciato il lento giro dei saluti e lo avrei rivisto a chiacchierare in un gruppo con un bicchiere in mano un'ora dopo. Invece no: spariva davvero. Così: veloce e definitivo".

Ti mancava l'Italia? "Mi mancava andare al bar, soprattutto nei bar di Roma, dove il barista inscena uno spettacolino a uso e consumo del cliente d'occasione solo per sedurlo con la sua simpatia. Qui, invece, fermarsi a parlare con il barista danneggia chi sta aspettando alle tue spalle. Tornavo in Italia ogni weekend o quasi, mi legavo solo a ragazze italiane, che vivevano in Italia, in un'illusione di continuità con me stesso. Del resto, che interesse potevo avere per ragazze inglesi che il venerdì sera, seminude, mi ruttavano in faccia e mi vomitavano addosso ubriache fradicie?". Non sono proprio tutte così. "Troppi pregiudizi, lo so, legati a quella impossibilità di superare il vetro del bicchiere con i denti di cui parla Mandel'stam. Mi ha aiutato un altro poeta, Said: l'uomo che trova dolce la sua terra è ancora un debole principiante, colui che considera ogni terra alla stregua di quella in cui è nato è già forte, ma perfetto è solo colui al quale il mondo intero appare come un terra straniera. L'anima acerba concentra il suo amore su un posto nel mondo, l'uomo forte ha esteso il suo amore a ogni posto nel mondo, l'uomo perfetto ha saputo estinguerlo".

E tu ne sei stato capace? "Ho imparato giorno dopo giorno a estinguere il mio amore per l'Italia e le mie aspettative verso Londra. Ora sarebbe facile trasformare tutto in una favola a lieto fine, imparavo però... oppure, conquistavo però... In effetti sì, imparavo a non idealizzare il presente e piuttosto a viverlo, imparavo la concretezza al posto della retorica, riuscivo a godere di una giornata di sole senza darla per scontata e a fare quattro chiacchiere al pub senza che dovesse essere l'amicizia perfetta. Ora arrivo al lavoro in orario e riesco pure a interessare gli studenti alla mia lezione: ho imparato a fare domande che li coinvolgano, trasformando la lezione in laboratorio sulle grandi questioni, che parte dal generale per concentrarsi poi sui dettagli. Potrei dire che ho finalmente acquisito due punti di vista sulle cose e sul mondo, che ho evitato di fermarmi nella palude, che ho imparato la forza del cambiamento come motore della cultura e l'importanza delle procedure per creare un'etica condivisa. Ho conquistato una libertà di giudizio e una coscienza di me grazie al fatto che qui l'universitario è un *self-entrepreneur*, uno che vende un prodotto e deve continuamente promuoverlo, uno che sa che la cultura non è un valore in sé e per sé, ma è un valore solo se tu sai dimostrarlo". Fammi un esempio. "Un tempo mi bastava recitare in classe un verso a memoria, pure facile, *Amor ch'a nulla amato amar perdona*, oppure *Le donne, i cavalier, l'arme, gli amori*, per sentirmi speciale, ma ora so che la bellezza di quel verso devo spiegarla, farla sentire, riviverla ogni volta e metterla in discussione anziché fare solo *show off*, ostentazione, esibizionismo. Migliorato, maturato, più consapevole intellettualmente e ricco spiritualmente, ma pur sempre schizofrenico, nostalgico, obliquo, languido e sentimentale: mi viene in mente un amico che nelle discussioni celebrava Londra a ogni piè sospinto, ma poi correva a casa a scongelare il sugo alla bolognese per la cena o non vedeva l'ora di farsi una passeggiata in Vespa lungo il Tamigi. Era diventato londinese ma restava pur sempre italiano".

Ciao Stefano, il tuo sembra un monologo interiore alla Joyce. Ma è inevitabile: Stefano è un letterato, e ascoltarlo è come leggere un romanzo. Non tutti i professori italiani di Londra, però, sono umanisti. Do appuntamento al Bar Italia anche agli scienziati, per sentire il loro punto di vista. Gabriele Travaglini ha quarantacinque anni, è un fisico teorico delle alte energie. "Sono arrivato in Inghilterra nel 2000 con una borsa di ricerca di una delle poche fondazioni italiane che finanziano i giovani che vogliano intraprendere ricerche in fisica teorica", racconta. "Ho scoperto un modo di fare ricerca che mi ha affascinato, molto diverso da quello italiano, più intraprendente e avventuroso. Spesso ho avuto l'impressione che le università italiane, nonostante diano un'ottima preparazione, inducano lo studente o il ricercatore a credere che prima di poter fare ricerca in modo originale in una certa area sia necessario conoscere quell'area molto approfonditamente. Qui invece ho capito che fare ricerca è un modo per approfondire".

Che tipo di ricerche fa, professore? "Insieme a due colleghi del Queen Mary, abbiamo fatto una serie di scoperte in un'area che riguarda la struttura matematica di certe quantità che si chiamano ampiezze di scattering. Le spiego. Negli acceleratori di particelle, come al Cern di Ginevra, si fanno collidere dei fasci di particelle. Una delle conseguenze più sorprendenti della meccanica quantistica è che, quando si fanno collidere delle particelle, dopo la collisione si osservano particelle che prima non c'erano, create dal vuoto, dal nulla in un certo senso... un nulla in realtà permeato dal campo del bosone di Higgs. Mi segue?" Non proprio. "Okay, aggiungo solo che queste ampiezze di scattering sono espresse da formule matematiche di una semplicità sorprendente e inaspettata, semplicità la cui origine aveva tratto in inganno i fisici per anni. E la nostra ricerca ha contribuito a spiegarla". Pur non capendo, capisco che è una cosa importante. "Be', sì per la fisica lo è, e grazie a queste scoperte ho avuto dei finanziamenti di ricerca dall'Epsrc, l'Engineering and Physical Science Research Council, che mi hanno permesso di dedicarmi alla ricerca senza dover più insegnare, e di assumere collaboratori. Insieme ai fondi è arrivato anche un posto permanente al Queen Mary, prima come *lecturer*, poi *reader*, infine *professor*. Non sono sicuro che un percorso come il mio sarebbe stato possibile in Italia. Lo dico con amarezza: in Italia, non credo che l'evoluzione della carriera scientifica di un ricercatore medio sia legata al merito e ai riconoscimenti internazionali in maniera diretta come qui in Inghilterra. Conosco colleghi, in Italia, di enormi capacità che sarebbero dovuti diventare professori ordinari almeno dieci anni fa: non fanno carriera per mancanza di concorsi o perché altri, meno meritevoli, li hanno ingiustamente sorpassati".

A parte la ricerca, cosa apprezza della vita a Londra? "Il fatto di non sentirmi uno straniero. Di poter ascoltare magnifici concerti alla Royal Festival Hall senza avere l'impressione di partecipare a una sfilata di moda, come capita in qualche teatro italiano. Mi piace camminare lungo i canali guardando le chiatte e pensando a *Tre uomini in barca*. E trascorrere tranquilli pomeriggi dedicati alla ricerca o alla lettura all'ultimo piano della Festival Hall: il caffè non è malvagio, la vista sul Tamigi è splendida, e riesco a lavorare con calma, senza interruzioni. Soprattutto, mi piace l'ambiente scientifico, dove l'unica cosa che conta realmente è l'interesse comune per la ricerca. E direi che questo è l'elemento che mi lega di più a Londra. Non mi piacciono, invece, gli inglesi ubriachi il sabato sera al pub e le torri dei Council Estate che deturpano il panorama dell'East End. Ma in fondo sono cose di poco conto...".

Le ricerche del professor Travaglini mi hanno fatto girare la testa. Ho bisogno di una boccata d'aria. Faccio una passeggiata, breve: il prossimo scienziato italiano di Londra vado a trovarlo nel suo ufficio, anzi nel suo laboratorio. Ma prima una domanda: chi verrebbe a Oxford per studiare il dolore? Il quesito non era rivolto ad amanti del sadomasochismo, stile *Cinquanta sfumature di grigio*. Era posto in termini puramente scientifici, riprendendo l'invito di una docente della prestigiosa università inglese a candidarsi a un posto nel suo team per fare ricerche sul cervello, in particolare sui neuroni che regolano la percezione del dolore. Quando Giandomenico Iannetti lo legge su internet ha ventotto anni e sta facendo un dottorato di ricerca in Neuroscienze alla Sapienza di Roma. Risponde all'invito, presenta il curriculum, viene invitato a una selezione al Christ Church di Oxford e, con sua sorpresa, è assunto. "All'università italiana mi consideravo tra i più bravi, lo ammetto", ricorda adesso. "A Oxford ero a non più di metà della scala". Da allora, però, ha salito parecchi gradini. Dieci anni più tardi è professore in Human Neuroscience all'University College London, una delle tre università inglesi, insieme a Oxford e Cambridge, regolarmente classificate fra le dieci migliori del mondo. Ha ottenuto finanziamenti da vari enti e fondazioni britannici ed europei per quasi tre milioni di euro. Dirige una squadra di ricercatori da lui selezionati e assunti che indaga, appunto, le misteriose reazioni del cervello al dolore. Le meraviglie, a fargli visita nel campus dell'UCL nel cuore di Bloomsbury – il quartiere londinese in cui nacque l'omonimo circolo letterario –, cominciano fin dall'ingresso: dove è custodita, dentro una teca, la mummia di uno dei fondatori dell'università, Jeremy Bentham, filosofo e riformatore laico del diciottesimo secolo, che in morte donò il proprio corpo alla scienza. Ogni mattina l'armadio che contiene la sua mummia viene aperto per esibirla e ogni sera viene richiuso: anche i docenti fanno i turni per maneggiarla. Ancora oggi, quando si riunisce il direttorio dell'UCL, mi racconta Giandomenico, i resti del fondatore vengono trasportati in sala riunioni, dove Bentham viene registrato come "presente ma non votante". Ah, l'Inghilterra!

"Credevo di essere sbarcato su un altro pianeta", dice ripensando ai primi anni a Oxford. "Anziani e illustri docenti che ti trattano senza la supponenza baronale così diffusa nelle università italiane, luminari di cui si gode la colta conversazione al refettorio del college". Oppure, la possibilità di vincere il suo primo *grant*, una *fellowship* della Royal Society (l'accademia delle scienze inglese), per quasi un milione di sterline, pur essendo giovane, sconosciuto, straniero e senza raccomandazioni. Cosa significa fare ricerche sul cervello in relazione al dolore? Giandomenico me ne descrive qualcuna. La scoperta che intorno al corpo umano c'è una sorta di nuvola, uno spazio peri-personale collegato alla difesa da minacce esterne, con un confine ben preciso che avanza per i più ansiosi e arretra per i più fiduciosi. Oppure: se si assumono posture insolite – per esempio incrociando le braccia – si prova meno dolore, una sorta di anestetico naturale con cui il cervello si autoinganna.

Bussano alla porta dell'ufficio di Iannetti. È una giovane ricercatrice australiana del suo team. Ha i capelli bagnati, si è appena fatta lo shampoo in laboratorio per togliere il gel degli elettrodi serviti a registrare la sua attività cerebrale – si è prestata a fare da cavia in un esperimento: stimolazione di una singola fibra nervosa con un microelettrodo in grado di pro-

57

vocare una sensazione di dolore su un dito, sebbene niente lo stia veramente toccando. "Siete riusciti a fare l'esperimento-punizione?", domanda Iannetti. "No", risponde lei. "Bene, allora lo faremo domani", replica lui. Se qualcuno li sentisse senza sapere di cosa parlano, potrebbe equivocare e pensare di essere sul set di un film sadomaso. Invece qui si studiano i segreti del cervello allo scopo di... Già, a che scopo, di preciso?

"A nessuno scopo preciso", risponde Giandomenico. "Aggiungiamo il nostro mattoncino all'edificio della conoscenza. L'utilizzo pratico di una scoperta può sempre verificarsi, beninteso. Ma non può essere sempre previsto in anticipo. Se la scienza avesse avuto lo scopo pratico di creare qualcosa di meglio di una candela, avrebbe fabbricato candele sempre più luminose, ma non avremmo scoperto l'elettricità".

Chiede se mi presterei anch'io a fare da cavia per un esperimento sul dolore: magari un'altra volta, rispondo. Piuttosto, cosa c'è di meglio di uno studioso del cervello per interrogarsi sulla fuga dei cervelli dall'Italia? "Semplice," osserva Iannetti, "nel nostro paese l'interesse privato, della famiglia o del gruppo, è considerato prioritario rispetto a quello della collettività. Nelle università italiane diventa nepotismo, che spesso suscita solo un'indignazione di facciata. Mi piacerebbe tornare a lavorare in Italia, non solo perché amo il mio paese, ma anche perché mi sento in debito, avendo ricevuto un'ottima istruzione pubblica praticamente gratuita. Le nostre scuole statali sono probabilmente fra le migliori del mondo. Ma ogni volta che considero la possibilità di tornare, per restituire all'Italia quello che ho imparato fuori, mi trovo di fronte a un sistema burocratizzato, finanziamenti assegnati con criteri spesso non trasparenti e un ambiente accademico più interessato al potere che alla scienza". Cambierà mai qualcosa? "Le baronie sono troppo difficili da smantellare, non sono molto ottimista".

Il prof controlla l'orologio: stasera tocca a lui andare a richiudere la mummia del fondatore nell'armadio. Lo accompagno e propongo di continuare la conversazione a tavola. Scegliamo un ristorante italiano e di Italia finiamo per parlare. "Un paese meraviglioso, per la gente, per la qualità della vita a dispetto delle difficoltà economiche, per la 'grana' emotiva... da questo punto di vista preferirò sempre Roma a Londra", dice Iannetti. "La bellezza di Londra è imponente, nel caso di St Paul, o da luna park, in quello di The Eye, la ruota panoramica sul Tamigi. Vuoi mettere con la grazia delle nostre piazze?". E nemmeno a lui, come a molti altri, piace il fatto che il sabato sera, per divertirsi, gli inglesi abbiano bisogno di ubriacarsi. "Pur lavorando in un ambiente inglese, i miei amici a Londra sono tutti italiani o stranieri, con gli inglesi è più difficile legare", continua. "Dicevo sempre, all'inizio, che non sarei finito a passare il tempo libero con gli italiani, come un emigrante, invece è andata proprio così".

E il resto? "Quale resto?". Farsi una famiglia, avere figli... "Sono sposato con un lavoro che amo, però mi piacerebbe tanto avere una famiglia. Sono ancora in tempo". Ma finita la cena, alle dieci e mezzo, monta in Vespa e torna in laboratorio a terminare una ricerca.

Lucrezia Reichlin è la donna che a un certo punto tutti volevano: la Banca d'Inghilterra come vicegovernatore, Matteo Renzi come ministro dell'Economia e del Tesoro, una parte del centrosinistra addirittura come presidente della Repubblica, dopo le dimissioni di Napolitano. Invece, per ora è rimasta al suo posto di docente della prestigiosissima London Business School, dai cui corsi post-laurea escono i manager destinati a guidare le aziende leader di tutto il mondo. Per lei, è l'ultimo gradino di una carriera iniziata con laurea a Modena, dottorato di ricerca alla New York University, docenza a Bruxelles, direzione generale della ricerca alla Banca centrale europea a Francoforte, per poi approdare a Londra. È la figlia di Alfredo Reichlin, storico dirigente del Pci, e Luciana Castellina, una delle fondatrici del "manifesto": non ha abbracciato l'ideale comunista dei genitori, guarda la realtà attraverso la lente pragmatica dell'economista. L'ho conosciuta proprio a New York, quando studiava alla NYU e io ero un giornalista freelance alle prime armi. Parliamo alla vigilia dell'8 marzo e le domando se per lei, figlia di una femminista, questa ricorrenza ha ancora un valore. "Sì, è una festa importante per me. Quando ero piccola mia madre lavorava all'Unione donne italiane e ricordo bene la festa e le mimose. Si cantava *Sebben che siamo donne, paura non abbiamo*, e in fondo quella canzone ha ancora senso, anche se si sono fatti molti progressi".

A Londra, nella City della finanza ma anche in altri settori dell'economia, si discute sul ruolo della donna nel mondo del lavoro: lei è favorevole a quote prestabilite riservate alle donne nei consigli di amministrazione, come si è fatto nei paesi scandinavi? "L'ho detto molte volte. Sono favorevole alle quote. Correggono una stortura. È risaputo che le donne sono escluse sistematicamente, c'è una barriera culturale che senza le quote non si riesce a superare. Non credo ce ne sia bisogno in modo permanente, ma è una misura temporanea per cambiare la cultura della stanza dei bottoni". In Gran Bretagna tre partiti sono guidati da donne, escono libri sulla "fine della supremazia maschile", le statistiche dicono che a scuola e all'università le femmine hanno voti migliori dei maschi... eppure ci sono solo tre donne nel ruolo di amministratore delegato tra le cento maggiori aziende del Regno Unito quotate in Borsa. Perché? "Le ragioni sono molte. Le donne hanno un rallentamento della carriera e in certi casi un'interruzione quando decidono di avere figli. In molti casi è una scelta, in altri è l'assenza di modelli culturali che le spingano a un'ambizione professionale. Sono stati fatti molti progressi per incoraggiare e sostenere le donne nelle fasi iniziali della carriera, ma poi ci si ferma. Io credo che molto abbia a che fare con i modelli culturali, con l'imparare a osare e ad acquisire fiducia in sé stesse. Ma c'è anche una minor capacità delle donne di organizzarsi, di fare network, di competere con gli uomini, e questo avviene perché sono tagliate fuori da migliaia di sottili e invisibili meccanismi che le spingono ai margini di quell'insieme di relazioni informali che servono a fare carriera".

Dunque cosa consiglia alle studentesse della sua Business School che stanno per affacciarsi al mondo del lavoro? "Consiglio saggezza. Per le donne come per gli uomini, la forza viene dal contenuto della propria ambizione e non solo da una volontà di affermazione a ogni costo. Ma consiglio anche di trovare nella relazione con altre donne una fonte di forza e di sostegno. I modelli femminili di riferimento sono importanti e sono una fonte di ispirazione".

E lei come ha affrontato, nella sua carriera, il fatto di essere donna? "Ci ho messo molto ad acquisire sicurezza in me stessa. Ho fatto tanti giri prima di trovare la mia strada e credo di aver pagato un prezzo alto, dal punto di vista personale... almeno in certe fasi della mia vita. Comunque sono contenta di avere l'opportunità di fare cose interessanti e di poter scegliere". E che effetto le ha fatto vedere cinque ministri della Difesa donne a una riunione della Ue e metà del governo Renzi composto da donne? "Un effetto fantastico!".

La notizia che Lucrezia si era trasferita a Londra me l'ha data in un certo senso il "Financial Times": dedicandole un lungo ritratto nella sezione Home (Casa), illustrato dalle foto della bella casa che ha preso a Kentish Town, nel nord di Londra. È lì che sono venuto a trovarla, al termine di una giornata in cui ha fatto sei ore di lezione e due riunioni. La casa è piena di libri e di quadri: penso che uno sia un ritratto di Lucrezia, invece è di sua madre Luciana Castellina. Un po' si somigliano. Al "Financial Times" ha fatto effetto una foto di famiglia: quattro donne. Lucrezia me la commenta così: "Mia nonna che ha quasi cent'anni. Mia madre. Io. E la mia figlia adottiva cinese. È un'immagine importante per me, perché la nostra famiglia è sempre stata matriarcale".

La sua fida cameriera dello Sri Lanka annuncia che la cena è pronta. Mangiando con vista sul giardino sul retro, continuo a farle domande. Cosa pensa dell'ondata di nuova immigrazione italiana a Londra? "Una tragedia. Più avanti ci accorgeremo delle conseguenze. Tutti quelli che possono se ne vanno dall'Italia. I genitori mandano i figli a studiare qui e poi i figli si fermano a lavorare. Restano in Italia solo quelli che non hanno la possibilità di partire. E anche quelli che vengono senza titolo di studio, magari solo per fare il cameriere, poi si iscrivono all'università o mettono su un caffè. È il meglio dell'Italia che se ne va, i giovani con più iniziativa, con più curiosità e coraggio". Come sono i suoi studenti? "Bravi ma stressati, preoccupati di trovare un lavoro e di guadagnare abbastanza. La nostra è stata una generazione fortunata, per loro è tutto molto più complicato". Perché vengono proprio a Londra? "Perché la Gran Bretagna è un paese in crescita. La vita costa cara, la gente ha pochi soldi, la città è difficile... ma gli italiani vengono lo stesso. Una ragione ci sarà". E da economista, l'Italia come la vede? "Qualcosa si muove. Vedo qualche segnale di speranza". Ci tornerebbe a vivere? "A vivere stabilmente non so, ma ho un progetto per l'Italia: voglio aprire una business school a Siracusa, punto di incontro del Mediterraneo, della Magna Grecia, di Africa ed Europa, una scuola di management internazionale e globale per fare qualcosa per l'Italia e per farla al Sud, perché senza il Sud il nostro paese non riparte".

Sembra un'idea magnifica, le faccio tanti auguri di realizzarla presto. E Londra, le domando salutandola, le piace? "Viaggio molto, ma mi piace tornarci. Questo quartiere dove abito è come un villaggio, l'atmosfera è rilassata, conosco i vicini... e poi mi piace la mia casa". Lucrezia ci vive insieme alla figlia cinese, alla cameriera dello Sri Lanka e a una ragazza alla pari italiana. Quattro donne. Il matriarcato della sua famiglia continua.

A questo punto, avendo cominciato il viaggio tra studenti e professori italiani nel "sobborgo" londinese di Oxford, torno a Oxford per incontrare altri due docenti.

Il primo, Guido Bonsaver, insegna letteratura italiana, come Stefano Jossa, come tanti altri nostri connazionali. Una fuga di professori di letteratura italiana a Londra? "Non la chiamerei una fuga, e nemmeno di professori, tantomeno di cervelli. Avevo venticinque anni, un'adolescenza vissuta con la passione del volo, a cui avevo dovuto rinunciare per via della miopia: avrei voluto fare il pilota, pensa un po'. Mi sono ritrovato con una laurea in Lingue e letterature moderne – non potendo fare i voli in aeroplano, avevo optato per quelli pindarici – e una buona conoscenza dell'inglese, grazie a una brava insegnante delle superiori. Indeciso sul da farsi, ho tentato un concorso per insegnare italiano nelle scuole britanniche. Mi è andata bene e sono finito in Scozia, a Dundee, grigia città industriale che nel 1988 cercava di sopravvivere alle devastazioni della Thatcher. Della Scozia mi sono innamorato subito: della sua gente, dopo essere riuscito con non poca fatica a capirne l'accento, e delle sue lande desolate ma struggenti".

E a Oxford come ci sei finito? "Avevo deciso di provare a rimanere su quest'isola. E, visto che insegnare mi piaceva, di farne una professione. Tre anni da studente-lavoratore, insegnando italiano di giorno e scrivendo un dottorato la sera e nei weekend. Prendo il PhD al dipartimento di Italianistica dell'Università di Reading, quaranta miglia a ovest di Londra, ex regno dell'italiano all'estero per eccellenza, il grandissimo Luigi Meneghello. All'epoca lui era già andato in pensione, ma lo incontravo regolarmente alla British Library, dove con il suo amico e relatore Giulio Lepschy, altro grande italiano all'estero, aveva un angolino riservato nella sala di lettura. Li trovavi sempre lì, immancabilmente. Be', per farla breve: nei primi anni Novanta, se facevi bene un dottorato, qui non era difficile ottenere un incarico all'università. Sono passato da Brighton a Canterbury, a un collegio dell'Università di Londra. Abitavo a Egham, un ex paesone trafitto dalla circonvallazione che passava letteralmente sopra casa mia. Calvino ha scritto che l'Italia è un paese ideale in cui rappresentare il mondo intero, perché ha al proprio interno tutti gli eccessi del Primo come del Terzo mondo... ebbene, anche quella zona della Greater London era così. A ovest c'è il parco di Windsor, dove ti capita di intravedere la regina o qualche rampollo reale che, dietro i vetri fumé di una Rolls-Royce, si reca in visita ai propri purosangue o va a un party o a una partita di polo. A nord e a est c'è invece lo squallore dei ghetti periferici di Slough, Ashford, Feltham, dove vivono immigrati di colore o gli inglesi delle case popolari, dalla risata grassa, le braccia tatuate e il cranio rasato a zero".

È una critica della disparità sociale inglese? "Mettiamola così: della Scozia mi ero innamorato a prima vista, dell'Inghilterra no. Dell'Inghilterra ho grandissimo rispetto, ma non l'ho mai amata. Ci ho trovato la normalità della meritocrazia e del senso dello Stato. È un paese che premia l'onestà e l'umiltà intellettuale. Non a caso, il *fair play* e l'*understatement* sono tra i doni più grandi che gli inglesi abbiano fatto al mondo. Al tempo stesso, però, è un paese dove le divisioni di classe sono ancora muri invisibili ma invalicabili che frammentano la società".

Dimmi di Oxford. "Ci lavoro dal 2003. Geograficamente sono passato dalla periferia londinese all'Atene d'Inghilterra, ma la sostanza è sempre quella. Nel mio collegio oxoniense incontro studenti, colleghi e benefattori che sembrano usciti da un romanzo di Jane Austen. Gente cresciuta nelle *public schools*, come qui chiamano le scuole private, che hanno beneficiato di un'istruzione incomparabilmente migliore rispetto a quella che si riceve nelle scuole statali gratuite. L'accesso all'istruzione privata è dettato dalle finanze di famiglia e quindi è appannaggio della vecchia aristocrazia e della nuova borghesia delle professioni. Questo è forse l'aspetto più triste di questo paese. Due nazioni separate e distinte, le chiamava il premier Benjamin Disraeli a metà Ottocento, e per molti versi non è cambiato un granché. L'Inghilterra è un posto dove il ceto sociale ha un peso determinante, sin da quando, a quattro anni, i figli vengono mandati a scuola: privata o statale".

E in Italia ci torneresti? "Certo, ma probabilmente solo in pensione. Però proporrei fin d'ora uno scambio. Gli italiani vengano in Gran Bretagna a respirare un po' di meritocrazia e di *fair play*; gli inglesi vengano in Italia a imparare che l'istruzione scolastica statale può competere con le scuole private elitarie inglesi ed eclissarle".

Lascio il dipartimento di Italianistica di Oxford ed entro al Nuffield College, presso la Faculty of Law, per incontrare Federico Varese, professore di Criminologia, forse il maggior esperto italiano al mondo sulle mafie – in particolare quelle di Russia e Asia – e sul narcotraffico. "Devo molto a mio nonno", dice Federico, prendendola alla lontana, "studioso di letteratura italiana, laico e antifascista, laurea alla Normale di Pisa, insegnante per tanti anni alle magistrali a Ferrara. Mi ha trasmesso l'amore per la lingua italiana e per il lavoro, qualunque esso sia, e mi ricordava sempre che i giovani sono fatti per diventare adulti e assumersi responsabilità". Poi cita alcuni insegnanti e docenti straordinari, come Gabriella Pizzo, al liceo Ariosto di Ferrara, la città in cui è nato e cresciuto, e John Wynne-Hughes al Pearson College in Canada, dove ha ottenuto il baccalaureato internazionale. Quindi Angelo Panebianco, con il quale ha fatto una tesi sulla metodologia delle scienze sociali all'Università di Bologna.

E dopo la laurea, a Cambridge – nello stesso collegio in cui insegnò John Maynard Keynes, il King's College –, prima ha avuto come maestro un grande antropologo, Ernest Geller, quindi Diego Gambetta, un sociologo italiano che lo ha incoraggiato a seguire la transizione verso l'economia di mercato e l'emergere del crimine organizzato nella Russia post-comunista. Varese ha trascorso un anno intero, e poi molti lunghi soggiorni, in Russia e nei paesi dell'ex Urss. Il suo *The Russian mafia* è diventato un classico, un punto di riferimento in tutto il mondo. Mi racconta che aveva sviluppato un interesse critico per l'Urss, senza essere un ammiratore dell'ideologia sovietica, già al liceo, ed era stato un precoce lettore degli scritti di uno dei protagonisti più affascinanti della rivoluzione bolscevica, Victor Serge. Gli strani casi della vita: molti anni fa, a Città del Messico, conobbi il figlio di Serge, il pittore Vlady Kibalchich, insieme al quale trascorsi memorabili serate tra i suoi murales e i ristoranti di quella straordinaria megalopoli.

I grandi maestri sono importanti nella vita ed è una fortuna incontrarli: ecco una lezione che si ricava dal racconto di Federico Varese, diventato a sua volta un maestro. Scrive sulle più prestigiose riviste internazionali, in Italia su "La Stampa", e viene regolarmente consultato da John le Carré per ogni romanzo. Non c'è da sorprendersi che il grande scrittore sia incuriosito e affascinato da questo serio, preparato e appassionato studioso italiano di Oxford. "Mi ritengo un sociologo dei fenomeni economici in senso lato", dice Federico. "I mercati illegali creano dilemmi interessanti". Ma *en passant* nota di essersi occupato anche di altri temi: "L'altruismo, l'aiuto alle minoranze perseguitate, le persecuzioni razziali durante il nazifascismo, il cinema giapponese". Poliedrico. "Trovo che lo scambio di opinioni e idee fra studenti e docenti nei collegi di Oxford, dove si socializza informalmente a pranzo e a cena, sia l'aspetto più affascinante di questa università". Ma non si definisce un intellettuale. "Nonostante il mio lavoro mi piaccia molto, non credo di essere un intellettuale. Anzi, gli intellettuali non mi piacciono. Non credo nelle consorterie, nei privilegi, nel pressappochismo di molti di loro. Non amo i tuttologi. Credo negli uomini e nelle donne, nei giusti, anche se ingenui, umili e per così dire asini". Pasolini sarebbe d'accordo, ma come sarebbe a dire che credi negli asini? "Goffredo Fofi, il non intellettuale italiano che stimo di più, ha fondato una rivista che si chiama proprio così, 'Gli Asini', e la casa editrice Edizioni dell'Asino; lì c'è una collana, Arti e mestieri, che si propone di spiegare il valore di ogni professione. Ebbene, secondo me i cosiddetti intellettuali devono imparare a essere uomini del fare, a costruire spazi concreti di civiltà e a mettere in atto concretamente le loro parole".

E in cosa crede il professor Varese, dopo tutti i maestri che ha avuto, dopo tutte le cose che ha imparato a Oxford, in Russia, a Macao e indagando sul crimine e sui fenomeni sociali in giro per il mondo? "Credo nel lavoro, qualunque esso sia. La funzione civile di ogni lavoratore è fare bene il proprio mestiere e, quando interpellato, esprimersi sulle cose di cui è esperto, senza mentire". Mi viene in mente il *Candido* di Voltaire: coltiva il tuo orticello. Ma non sono sicuro che c'entri davvero con quello che intende Federico. E anziché seguire i miei pensieri, preferisco ascoltarlo. "Durante gli anni più bui del Novecento, la civiltà occidentale è stata salvata dagli umili e dai colti", continua. "E continua a essere salvata tutti i giorni da chi compie atti concreti di solidarietà e di ribellione di fronte alle ingiustizie. Penso alle ingiustizie verso gli anziani, i disabili, i deboli, i diversi e gli animali".

Cambiamo argomento: ti piace l'Inghilterra? "È un paese che amo molto, meritocratico e ancora aperto, nonostante i rigurgiti razzisti dell'Ukip, il partito populista antieuropeo guidato da Nigel Farage. Mi piacciono il sistema politico maggioritario e l'atteggiamento pragmatico degli inglesi. Trovo però che sia ancora un paese molto classista. Questo è dovuto all'istruzione privata nelle scuole elementari, medie e superiori: solo il 7 per cento della popolazione frequenta queste scuole, ma ottiene la maggioranza dei posti che contano". Per l'esattezza il 40 per cento, ma è effettivamente molto. "Se fosse possibile, abolirei le scuole private". Anch'io: e mi fa effetto sentire la stessa identica critica da due professori italiani di Oxford. "E non sono neppure un grande fan della monarchia...", aggiunge. Neppure io, sebbene, visti i presidenti di certi paesi, la regina Elisabetta in sessant'anni non mi sembra se la sia cavata male.

E di Londra, per finire, cosa mi dici? "Londra è una città straordinaria. Mi ritengo molto fortunato a vivere a Oxford, a essere nato in un'altra città stupenda come Ferrara e a essere solo a un'ora di bus o di treno da Londra, la metropoli più bella del mondo!".

Concordo. Adesso prendo il treno e in un'ora ci torno.

4.

Il lupo della City

Crozza lo tira in ballo nel suo show, alla Leopolda – kermesse politica renziana – fa più notizia di Renzi, il Pd di Londra aspetta la sua iscrizione, a patto che rinneghi una presunta dichiarazione contro il diritto di sciopero. Davide Serra è "il finanziere preferito del presidente del Consiglio", come recita una delle etichette che gli hanno appiccicato i media.

"Non sono un finanziere", replica lui quando me lo trovo davanti. "Sono un gestore di risparmi. Io i soldi non li presto, che è il mestiere dei finanzieri, li investo in capitale di rischio per conto dei miei clienti". Ma scusi, lei non è il banchiere con società nel paradiso fiscale alle Isole Cayman? "Pago le tasse in Inghilterra e comunque, per farla finita con questa storia, non avrò più alcuna società basata alle Cayman, cosa peraltro perfettamente legale, fatta da praticamente tutti i fondi di investimenti". Insomma, lasciamo stare le Cayman: nega di essere un broker rampante? Smentisce di essere il "lupo della City" – versione londinese di quel "Wolf of Wall Street" reso celebre dal film con Leonardo DiCaprio –, come la chiamano i media in Italia? "Ma quale lupo. Ho studiato dai gesuiti, ho fatto il boy scout, ho giocato a pallavolo fino in A2, sono il primo laureato nella storia della mia famiglia, mantengo ottomila bambini in Africa con la beneficenza e ho sempre votato per il centrosinistra". Guardando fuori dalla finestra, si potrebbe anche dubitarne: l'ufficio della Algebris, la società di *asset management* da lui fondata, è fra Savile Row, la via dei sarti per gentiluomo, e Bond Street, l'equivalente di via Montenapoleone o via Condotti, il massimo del lusso. Ma guardando dentro l'ufficio il panorama è differente. Il nostro incontro si svolge sotto il ritratto di Jimmy Carter, presidente democratico degli Stati Uniti, premio Nobel per la pace, difensore dei diritti umani... certo non l'eroe che ci si aspetterebbe di trovare nel quartiere degli *hedge funds*, i fondi speculativi. E sulla parete accanto ci sono le foto d'artista di altri tre Nobel per la pace: Mandela, il Dalai Lama e San Suu Kyi. Che sia un agnellino, questo lupo, o che almeno cerchi di sembrarlo?

Una cosa è certa: per le migliaia di banchieri, broker, trader italiani sbarcati a Londra con la speranza di fare fortuna; per tutti quei venticinque-trentacinquenni usciti dalla Bocconi o da qualche altra università di élite e arrivati qui pronti a restare attaccati a un computer sedici ore al giorno (e qualche volta di più) per far guadagnare una fortuna alla propria società, e prima o poi guadagnarla anche loro; per tutti quelli che sognano di diventare ricchi come se fossero imprenditori, senza avere un'impresa, una fabbrica, senza produrre nulla tranne che ricchezza per qualcun altro; per tutti costoro Davide Serra è un modello, un esempio, un mito. Serra è il campione: se fosse una squadra di calcio, sarebbe arrivato sempre primo, secondo o terzo in Champions League per dieci anni di seguito, un'impresa a cui nemmeno Real Madrid, Barcellona, Bayern o Chelsea potrebbero ambire. Forse, per continuare la metafora calcistica, ha seguito il consiglio di un altro italiano della City, Massimo Tosato, senior partner della Schroders, una delle più grandi banche di investimento della cittadella finanziaria londinese, che nel suo ufficio all'ultimo piano di un grattacielo un giorno mi ha detto: "Il consiglio che do ai giovani è entrare subito in una grande banca. Fa bene al curriculum e fa bene alla carriera. È come partire giocando nel Real Madrid invece che in una squadretta di provincia". Ebbene, Serra è partito dal Real Madrid, ed è diventato subito il goleador, il Cristiano Ronaldo della situazione, e poi un altro Real se lo è messo su da solo, diventandone il capitano e il proprietario. Sentiamo un po' come ha fatto.

"Facevo la Bocconi", ricorda, seduto in maniche di camicia nella sala conferenze della Algebris, "un professore tenne un corso sul finanziere George Soros e io mi appassionai alla materia. Dopo la laurea ho mandato il mio curriculum a cento società italiane e non mi ha risposto neanche una, ne ho mandati altri cento in giro per il mondo e mi ha assunto subito la Morgan Stanley". Morgan Stanley: difficile decidere se paragonarla al Barcellona o al Real (l'altra è la Goldman Sachs, ovviamente). E poi? "Nei dieci anni successivi mi sono sempre piazzato fra i primi tre nella classifica dei 1500 migliori analisti europei". È pure modesto: in realtà l'ha quasi sempre vinta lui, quella classifica. Come Ronaldo o Messi, un anno vince la classifica dei marcatori il primo, un anno il secondo, ma che siano entrambi due campionissimi, al di sopra di tutti gli altri, non c'è dubbio. Già, perché tra gli analisti, ovvero nel ristretto novero dei guru della finanza che consigliano alle grandi banche internazionali come investire i propri soldi, c'è una graduatoria che ne misura il rendimento in base ai ricavi che hanno fatto fruttare. E tra i 1500 migliori, Serra risulta sempre fra i primi, anno dopo anno. I bravi analisti sono pagati come bravi calciatori: allora perché un giorno ha deciso di lasciare la Morgan e mettersi in proprio? "A trent'anni sono diventato il più giovane direttore del dipartimento ricerca nella storia della Morgan Stanley. Ma mi sono chiesto: se sono bravo a valutare opportunità di investimento, perché non creare un mio business invece di lavorare per altri? Così sono partito da zero con la Algebris, io e una segretaria. Mediamente, un fondo di investimenti comincia con un capitale di venti milioni di dollari, ma grazie alla reputazione che mi ero fatto" (quella di campione degli analisti d'Europa per dieci anni di seguito), "io ho cominciato con settecento milioni di dollari, un record. Adesso dirigo una squadra di ventidue persone, abbiamo uffici a Boston, Singapore e presto a Milano, e gestiamo due miliardi e mezzo di dollari di investimenti".

Qual è il segreto per far fruttare i soldi? "Sono uno stacanovista che si applica. Mi sono sempre molto impegnato in quello che faccio. Lavoro dalle sei del mattino a mezzanotte, tranne una pausa di un'ora di palestra". Non perde tempo ad andarci: se n'è fatta fare una di fianco al suo ufficio. Oltre a farli, i soldi, li spende in beneficenza, con una società il cui nome è un motto ben noto a milioni di bambini: Hakuna Matata (per chi non avesse visto *Il re leone*, è swahili e significa "non ci sono problemi" o "senza pensieri"). I ricchi, lo provoco, fanno beneficenza per sentirsi la coscienza a posto e poi la deducono pure dalle tasse? "Sono benestante ma non miliardario, mi paragono a un medio imprenditore italiano. E faccio beneficenza perché sono cattolico e credo nel dovere morale di restituire qualcosa alla società. Con Hakuna Matata mantengo una missione di ottomila bambini in Tanzania, duemila bambini per ciascuno dei miei quattro figli, perché i miei sono bambini fortunati ed è giusto aiutare chi lo è molto meno. È vero, una parte della beneficenza si può dedurre dalle tasse, perché lo Stato britannico lo permette. E il risultato è che, grazie ai benefici fiscali, posso raddoppiare le mie donazioni".

A proposito di fisco, vogliamo spiegare bene questa storia delle Isole Cayman, che a tanti italiani suona come evasione fiscale? "In Inghilterra avere una holding alle Cayman è come per una società italiana avere una holding in un altro paese dell'Unione europea. Il fisco britannico la considera britannica al cento per cento e quindi pago le tasse su tutti i miei profitti globali, dovunque siano realizzati". E allora qual è il vantaggio di avere una holding alle Cayman? "Semplicemente, facilita il mio business dal punto di vista burocratico. Ma la chiudo lo stesso, così evito le strumentalizzazioni".

È vero che si è iscritto alla sezione londinese del Pd? "Ho presentato richiesta". Quindi ha rinnegato le sue parole contro il diritto di sciopero, come il segretario del Pd londinese pretende per iscriverla? "Non ho mai detto che sono contro il diritto di sciopero. Ho detto che gli scioperi del settore pubblico vanno coordinati per non creare disagi alla gente e non spaventare gli investitori internazionali, che altrimenti andranno a creare occupazione altrove".

Gli domando se vuole fare politica, oltre che soldi. "Non cerco incarichi pubblici, amo il mio mestiere. Ma i miei nonni hanno combattuto per la libertà dell'Italia e voglio che un giorno i miei figli e nipoti possano dire che, in un momento difficile per l'Italia, anch'io ho dato una mano". Aiutando il suo amico Renzi? "Intanto non siamo amici, non andiamo in vacanza insieme. Un giorno ho letto un libro di Renzi, quando era ancora sindaco, gli ho scritto una mail, mi ha invitato a Firenze e siamo andati a mangiare una pizza. Da allora gli mando qualche consiglio sulla materia che conosco. Come faccio, gratis, anche con altri capi di governo e ministri". Perché le piace Renzi? "È il primo politico italiano che parla in modo per me comprensibile. E poi condividiamo gli stessi valori: cattolicesimo, boy scout, una famiglia con tanti figli e una visione moderna e progressista per rimettere in moto l'Italia".

Domando al "lupo della City" se si sente davvero di sinistra. "Ho sempre votato per il centrosinistra. Non mi sono mai riconosciuto nella destra berlusconiana, che era contro la liberalizzazione e a favore degli oligopoli. Sono per la libera concorrenza di mercato, la giustizia sociale e la coesione civile. L'economia deve crescere, ma deve crescere per tutti, non solo per alcuni. E sono pro globalizzazione, perché grazie alla globalizzazione in un paese come la Tanzania la gente che prima guadagnava cinquanta centesimi al giorno adesso guadagna tre dollari e mezzo". E crede che l'Italia ce la farà? "Sono stato pessimista in passato. Oggi, per la prima volta ho fiducia nel cambiamento. Gli italiani non credono più alle chiacchiere che ha raccontato per tanto tempo Berlusconi. E c'è grande voglia di fare". Faccia finta di avere davanti Renzi e dica tre cose che l'Italia secondo lei dovrebbe fare per ripartire. "La certezza del diritto: abbiamo cinque volte il numero di leggi dell'Inghilterra, ci vogliono in media cinque anni per ottenere un giudizio definitivo, nessun investitore straniero investirà da noi in simili condizioni. Poi, la lotta all'evasione: cinquanta miliardi di euro evasi l'anno, se li recuperassimo avremmo risanato metà del debito pubblico senza bisogno di tagliare alcuna spesa. Io dico: eliminiamo il contante e tutti saranno costretti a pagare le tasse. Si può fare, è meno complicato di quanto sembri. Infine, tagliare gli sprechi pubblici e introdurre la meritocrazia – grande leva democratica – anche nel settore pubblico".

Lupo della City? Non dico che, dopo averlo incontrato, mi sembri un agnellino. Forse nemmeno un San Bernardo, ma un "lupo cattivo" proprio no.

5.

Il venditore di caramelle

A due passi dal gigantesco cantiere di Tottenham Court Road, dove si scava il punto d'arrivo della nuova linea ferroviaria veloce Crossrail, destinata a rivoluzionare il traffico nella capitale, c'è un grattacielo simile a un mattoncino Lego arancione, disegnato da Renzo Piano. Dentro al grattacielo, otto ascensori senza pulsanti: il piano desiderato va digitato su una tastiera all'esterno del lift ed è più complicato di quanto sembri. "Ci vorrebbe una laurea per pilotarli", dico alla ragazza piuttosto "hip" che sale con me. "Qui gli ascensori sono interattivi, hanno perfino un account Twitter, puoi diventare un loro follower", risponde, e non è uno scherzo. Dal sesto al nono piano, gli uffici londinesi di Google: per dare un'idea, soltanto la palestra per i dipendenti ne occupa due. Il decimo e ultimo piano ha l'aspetto di una sala giochi "open space" con vista mozzafiato su tutta Londra: divanetti, ristorante, playroom con biliardini e flipper, terrazza solarium con sedie a sdraio da spiaggia. Ma non è una sala giochi. È la sede di King, la start up fondata nel 2002 con un po' di risparmi da Riccardo Zacconi, quotata lo scorso anno a Wall Street per un valore iniziale di sette miliardi e mezzo di dollari, il più ricco ingresso in Borsa della storia per una società britannica. Quella valutazione da capogiro, da allora sul bizzoso ottovolante dell'economia digitale, è dovuta in larga misura a Candy Crush, la saga delle caramelle, l'applicazione per telefonino che ha conquistato il mondo: ci giocano mezzo miliardo di persone al mese, e se non sapete cos'è vuol dire che vivete sulla Luna o che perlomeno non avete mai preso un aereo o il metrò di Londra e sbirciato cosa faceva con il telefonino il vostro vicino. Meno noto è chi sia Zacconi, l'italiano quarantasettenne autore di questa mirabolante impresa, come sia arrivato fin qui e dove voglia arrivare. Eccolo: cranio rasato a zero come Bruce Willis, accento romano nonostante più di due decenni all'estero, maniche di camicia. Facciamo conoscenza con l'"Italian King" del web.

I suoi inizi? "Roma. Figlio di un dentista. Avessi fatto il mestiere di papà, avrei saputo in anticipo come sarebbero stati i miei successivi cinquant'anni. Ma dalla vita volevo imprevisti. Mi sono laureato in Economia e commercio alla Luiss, ho cominciato a fare consulenze aziendali in Germania e mi sono specializzato nel settore di internet".

Ci è voluto molto a imparare il tedesco? "Avevo il vantaggio di saperlo già: me l'ha insegnato mia madre, che è ungherese". A Londra come ci è finito? "Abbiamo venduto la società di Monaco, di cui ero uno dei top manager. A Londra mi hanno offerto una specie di borsa di studio per imprenditore: dovevo solo cercare idee e proporle, senza nemmeno l'obbligo di proporle a chi mi pagava lo stipendio. Il genere di incentivi con cui questa città attira cervelli". E la prima idea che le è venuta è stata Candy Crush. "No, quella è stata la cinquantesima. E non era proprio mia, ma del team di maghi del software che avevo conosciuto a Monaco e ho portato con me. In Germania avevamo scoperto il filone d'oro dell'online dating, i siti per cuori solitari. A Londra ne abbiamo individuato un altro: i giochi per telefonino". Uno dei suoi maghi ha avuto la visione del gioco delle caramelle mentre faceva la doccia? "Mentre faceva il bagno, per la precisione. Come l'eureka di Archimede".

Perché proprio Candy Crush è diventato il gioco numero uno del pianeta? "Perché è il più bello. Perché si può giocare gratis. Perché per velocizzarlo o ricevere bonus bastano micropagamenti di pochi centesimi. Perché puoi giocare contro gli amici. E naturalmente, perché abbiamo Facebook come partner". A proposito, è vero che ha cenato con Mark

Zuckerberg? "Sì, più di una volta, ma non lui e io soli. Quattro volte l'anno ci vediamo in California con i capi di Facebook, Google e Apple per uno scambio di idee, suggerimenti, domande". Il problema dell'economia digitale è come dare ai consumatori qualcosa gratis e guadagnarci lo stesso? "Si chiama *fremium*, fusione di 'free' e 'premium'. È il merito dei grandi numeri. Offrendo qualcosa gratis raccogli centinaia di milioni di utenti che diventano una ricchezza in termini pubblicitari. E se chiedi loro un micropagamento di pochi centesimi, moltiplicato per centinaia di milioni diventa una formidabile fonte di entrate". Il difficile è convincerli a fare quei micropagamenti. "Devi offrire un reale valore aggiunto. Qualcosa di veramente utile, che però costa pochissimo".

Ci stanno provando anche i siti dei giornali di tutto il mondo. Lei cosa consiglia? "Puoi leggere l'articolo gratis. Ma se vuoi vedere anche le foto o il filmato, devi pagare cinque centesimi, per esempio". Grazie. Gioca ancora a Candy Crush? "Sì, ma soprattutto gioco ai nuovi giochi, per sperimentarli". È vero che ha una squadra di sessanta persone che studiano i comportamenti dei giocatori per cambiare continuamente Candy Crush? "Non studiano solo quello, ma è vero". Si può arrivare in fondo a Candy o scenderanno sempre nuove caramelle per l'eternità? Quanti livelli ci sono? "Ottocento. Ma stiamo studiando delle sorprese. Le vedrete presto". Come risponde all'accusa di creare dipendenza con questi giochini? "Una partita dura tre minuti. Dopo aver consumato cinque vite, sei eliminato. Il gioco è strutturato in modo da non durare a lungo. Le statistiche mostrano che è soprattutto un passatempo per le pause morte: mentre aspetti il bus o in metrò".

Previsioni sulla vostra quotazione a Wall Street? "Sto imparando molte cose. Non posso prevedere che valore avrà il titolo domani. Ma posso assicurare ai nostri azionisti che fra un anno e mezzo saranno contenti. La strategia a lungo termine è solida. Abbiamo grandi piani". Per arrivare dove? "Il mercato dei giochi per telefonino è ampio. Ci sono probabilmente un miliardo di giocatori nel mondo. Noi ne abbiamo circa metà. Lo spazio per crescere esiste". Non le viene la tentazione di vendere la sua quota e spassarsela? "Mi diverto troppo a fare il mio lavoro". Per adesso continuerà a divertirsi, ma la sua quota, e anzi l'intera azienda, l'ha venduta, qualche mese dopo il nostro colloquio, agli americani della Activision Blizzard, gigante dei videogame, produttore di Call of Duty e World of Warcraft, per la sommetta di sei miliardi di dollari: con la garanzia di rimanere nel suo ruolo guida di amministratore delegato della King, almeno per qualche anno. L'ultima domanda che gli ho fatto prima di uscire dal suo ufficio riguarda però non il futuro suo e della società che ha creato, ma quello del nostro paese: cosa pensa dell'Italia uno dei re del web? "L'Italia può riprendersi. E anche il web può darle una mano. C'è un gruppetto di grandi manager italiani nel mondo digitale: sarebbe bello sentirsi, unire le forze, fare qualcosa per il nostro meraviglioso paese".

6.

L'uomo dei telefonini

Gli alunni della Bocconi si danno appuntamento a Londra da tutto il mondo per la loro Global Conference annuale. E chi vengono ad ascoltare? Chi offre loro il suo verbo su come trovare lavoro, a Londra o altrove, e farcela nella vita? Vittorio Colao, il più importante manager italiano sulle rive del Tamigi, amministratore delegato della Vodafone, la multinazionale dei telefonini. Laureato in Bocconi, anche lui, come i giovani che stamane lo ascoltano nella hall di un grande albergo con vista su Hyde Park, poi un posto alla Morgan Stanley a Londra, quindi alla McKinsey a Milano, poi sempre nel settore della telefonia mobile tra Omnitel e Vodafone, con una parentesi da amministratore delegato della Rcs, per poi tornare alla Vodafone e diventarne il numero uno nel mondo.

Eccolo sul palco, l'unico uomo in tutta la sala senza cravatta. Con un super manager non si può parlare d'altro che del suo mestiere. Dove vanno, dottor Colao, i telefonini? Dove ci porteranno gli smartphone? "Il consumatore di domani è digitalmente super affamato, è intollerante di guasti e ritardi. Mio figlio ha quattordici anni e non ha neppure la pazienza di chiamare un call centre per risolvere un problema, la soluzione deve arrivargli all'istante via web; meglio ancora, naturalmente, che il problema non sorga affatto. Quindi il mio primo consiglio per il futuro, in qualsiasi campo operiate, è preservare il legame con il consumatore. È la cosa fondamentale: fate un errore, deludete il cliente digitale e non verrà tollerato, sarete abbandonati". Secondo consiglio? "Conservare il talento che avete nella vostra azienda, squadra, società, compagnia. Io parlo con i miei dipendenti a tutti i livelli, di continuo, se vogliono andarsene vadano, ogni opportunità è buona e va colta, ma prima voglio sapere se sono contenti alla Vodafone, se si sentono realizzati, se si sentono parte del team. Un capo deve approfittare di ogni occasione per interpellare i suoi dipendenti, anche nella pausa caffè. Deve stabilire un dialogo e dev'essere un dialogo reale, sincero". Come le sembrano i giovani d'oggi? "Mi sembrano francamente fantastici rispetto a quelli di ieri. Più aperti, più pronti a viaggiare per cogliere un'opportunità, più dinamici". E come la pensa riguardo alla presenza delle donne ai piani alti delle aziende? "Bisogna prestare più attenzione alle donne. La leadership femminile in qualsiasi campo è la prossima puntata del business globale, la svolta che si attende e che è necessaria. Noi alla Vodafone diamo alle donne sedici settimane di maternità a stipendio pieno, poi sei mesi in cui possono lavorare solo trenta ore alla settimana invece di quaranta. Bisogna dare sostegno alle donne per non perderle, non solo perché è giusto. Bisogna mandare un segnale alle donne che per loro è possibile fare carriera e al tempo stesso avere una famiglia, non devono essere costrette a scegliere".

Se potesse tornare indietro, con tutto quello che ha imparato, che consiglio darebbe il super manager italiano di Londra al sé stesso ventenne? "Gli direi, mi direi: vai all'estero, gira il mondo. Non lasciarti ossessionare dal lavoro, goditi l'esperienza, impara, divertiti, a trent'anni potrai cercarne un altro. Seleziona bene la società in cui vuoi fare carriera, non solo per il salario ma per le opportunità che ti offre e per l'atmosfera che crea".

È vero, come dicono alcuni, che soltanto chi sa la matematica farà carriera nel mondo di domani? "Io nella mia azienda voglio gente pragmatica, non solo cervelloni che sanno la matematica. Sì, la matematica è importante, ma non ne sono ossessionato, non penso che il talento del futuro stia solo lì: cerco persone con diversi background e diverse caratteristiche, non robot tutti uguali. E non cerco il manager perfetto. Bisogna imparare ad accettare gli sbagli, perché se crei una cultura in cui gli errori sono inammissibili e vengono puniti in modo irrimediabile, la tua gente rischierà meno o non rischierà affatto, e senza il rischio non si fanno nuove invenzioni, non si va avanti, non si cresce".

Tra i bocconiani che lo attorniano dopo la conferenza, si fa avanti una ragazza, gli dice di avere appena ottenuto uno stage alla Vodafone, è felice dell'opportunità che le è stata offerta. Lo chiama "dottor Colao", ma lui sorride, le stringe la mano: "Benvenuta, diamoci del tu... giocheremo nello stessa squadra, no? Quando cominci mandami una mail, che passo a salutarti".

7.

L'uomo delle stelle

Se uscite dalla stazione del metrò di Old Street, vi trovate
davanti al Silicon Roundabout, la rotonda attorno a cui è
cresciuta la Silicon Valley londinese, quartiere di centinaia
di aziende e start up tecnologiche. Se al Silicon Roundabout
alzate gli occhi, vedrete un grattacielo sormontato da anten-
ne. Se entrate nel grattacielo, sede della Inmarsat – l'azienda
britannica pioniere e leader mondiale delle comunicazioni
via satellite –, e salite in cima, incontrate Michele Franci, "l'i-
taliano dell'industria spaziale che è arrivato più in alto" nel
mondo, come lo chiama il suo ufficio stampa. In effetti, più
in alto di lui c'era solo AstroSamantha, che però è tornata
sulla Terra. L'ingegner Franci, invece, va sempre più su: come
Chief Technology Officer (capo dello sviluppo tecnologico)
della Inmarsat, sovraintende al lancio dei Global Xpress,
nuova generazione di satelliti che promette, dopo l'"internet
of everything" (l'internet di tutte le cose), l'"internet of
everywhere", l'internet dappertutto. Dalla plancia di coman-
do della Inmarsat, una sala degna della Nasa o di *Guerre stel-
lari*, con mappe elettroniche del nostro pianeta solcate dai
satelliti, la fantascienza sembra diventare realtà.

L'ingegner Franci passa il suo tempo fra Londra, dove
lavora, Ginevra, dove abita la sua famiglia, e il centro spaziale di Baikonur, in Kazakistan, da cui la Inmarsat lancia in
orbita i suoi satelliti. Come è arrivato fin lassù, partendo da
Bologna? "Mio nonno era ingegnere, mio padre era ingegnere, io da piccolo sognavo di progettare aerei e mi divertivo
a fabbricare modellini. Sono nato a Bologna ma cresciuto

81

all'estero, per seguire papà che lavorava all'Ibm, poi laurea al Politecnico in Ingegneria aeronautica, impieghi all'Agenzia spaziale europea e all'Ariane Espace francese, quindi il passaggio alla Inmarsat". E a Bologna ci torna? "In città ho zii e cugini, i miei sono di Loiano e Finale Emilia, dove da bambino passavo le estati". Tra campi di grano e zanzare, rimirava le stelle: era destino che le raggiungesse. In fondo, le Due Torri bolognesi somigliano a dei razzi.

Cosa fa di preciso la Inmarsat, ingegnere? "Offre una connessione mobile via satellite in zone difficilmente raggiungibili, dove non è economico avere comunicazioni via cavo. In cielo, in mare, nei deserti, sulle montagne". Chi sono i vostri clienti? "Oggi sono governi, servizi di soccorso e di emergenza, ong, compagnie marittime, compagnie aeree, i media, l'industria energetica. Un domani saranno anche, e sempre di più, i privati, a cui offriremo un accesso in banda larga a internet potente, sicuro e ovunque funzionante, a un prezzo sempre più accessibile mano a mano che aumenterà la domanda. Inoltre, internet raggiungerà le zone dove oggi la ricezione non è buona e non succederà più che i telefonini vadano in tilt per troppo uso, come è successo per esempio dopo Real Madrid-Juventus, quando tutti chiamavano per dire che la Juve aveva passato il turno".

Quanto costano, al momento, i vostri servizi? "Installare un satellite nello spazio costa centinaia di milioni. Ma già ora vendiamo telefonini portatili", me ne mostra uno, grande come i cellulari di prima generazione, "a ottocento dollari in grado di comunicare da tutto il mondo". E cosa offriranno in più i nuovi satelliti Global Xpress? In che senso nascerà "internet dappertutto", cosa significa questa espressione? "Finora, i nostri satelliti garantivano comunicazioni telefoniche e di dati o messaggi scritti. La nuova generazione darà un accesso a internet rapido e robusto. Significa che da un aereo in volo o in cima all'Everest si potranno scaricare film o musica e si potrà navigare sul web come dall'ufficio o da casa". Sull'Everest avrebbe fatto molto comodo, quando è stato colpito dal terremoto nel maggio 2015. "In effetti, grazie a due satelliti Global Xpress già funzionanti su tre, abbiamo facilitato le operazioni di soccorso per il terremoto in Nepal". Insomma, vorrà dire che non staremo più in pace neanche in aereo? "Il mondo di oggi, in particolare gli utenti più giovani, vuole avere la possibilità di connettersi a internet sempre e dovunque nelle migliori condizioni possibili. Poi, se uno vuole, può sempre spegnere lo smartphone".

E l'"internet delle cose", quello che metterà in comunicazione il telefonino con il frigorifero avvertendoci se bisogna fare la spesa, che regolerà la temperatura della casa, che ci dirà com'è il traffico e quanto tempo impiegheremo ad arrivare al lavoro? "Uno studio della Sisco, uno dei giganti dell'alta tecnologia, indica che il 97 per cento delle cose non sono ancora connesse al web. La domotica, ovvero la tecnologia della connessione alla rete di tutti gli oggetti della domus, della casa, è solo agli inizi, dunque il potenziale di crescita è enorme". E quando diventerà realtà l'"internet dappertutto", il campo di cui lei si occupa? "È già cominciato, in questo preciso momento, grazie ai nostri satelliti che ruotano lassù a trentaseimila chilometri di altitudine sopra le nostre teste".

Gli racconto l'emozione provata assistendo a un lancio dello Shuttle, la navetta spaziale americana che decollava come un missile e tornava sulla Terra come un aeroplano: sembrava un miracolo, una magia, davvero una cosa dell'altro mondo, strabiliante e commovente, la terra che trema e quel rettangolo di acciaio che sale in cielo in un rombo di tuono e poi scompare. "Mi emoziono anch'io, sempre, ogni volta è come la prima volta. Sa, i russi sono molto superstiziosi e alla base di Baikonur, che si trova in Kazakistan ma viene gestita dall'agenzia spaziale di Mosca, tutti i lanci vengono effettuati alla stessa ora in cui partì il missile che portò per la prima volta in orbita un cosmonauta, il grande Gagarin, nel 1961... sperando che vada bene come allora. Anch'io sono superstizioso. Per ogni lancio, indosso sempre gli stessi vestiti. E sono l'ultimo ad allontanarmi, quando la rampa viene sgomberata. Esco fuori, all'aperto, guardo il missile con il nostro satellite a bordo, e gli parlo". Gli parla? A chi? "Al missile. Parlo al missile, come se fosse uno dei miei figli. Saluto il mio missile prima che parta per lo spazio, prima che vada lassù, da dove si vedono meglio le stelle".

8.
Gli editori da Oscar

Non è del tutto esatto che nel 2015 ci sia stata una sola candidatura italiana all'Oscar, quella della costumista Milena Canonero. *La teoria del tutto*, il film sull'astrofisico Stephen Hawking nominato a cinque statuette, era tratto da *Travelling to Infinity*, il libro scritto da Jane Hawking, prima moglie del teorico del Big Bang; e a pubblicare questo volume di memorie, diventato un best seller internazionale (uscito nel nostro paese con il titolo *Verso l'infinito*), è stata una piccola casa editrice inglese fondata da due italiani, Alessandro Gallenzi ed Elisabetta Minervini. In un certo senso, dunque, le cinque nomination del film (inclusa migliore sceneggiatura – tratta appunto dal libro) e il premio Oscar come migliore attore poi vinto da Eddie Redmayne, che interpretava Hawking, sono un po' anche merito loro, di Alessandro ed Elisabetta. "Be', effettivamente abbiamo messo la fascetta 'Da questo libro, il film che ha vinto l'Oscar'", ammettono ridendo.

Marito e moglie, entrambi laureati in Lingue alla Sapienza di Roma, inizialmente entrambi traduttori di classici – lui dall'inglese, lei dal francese –, sono arrivati a Londra nel 1997, giovani e senza conoscenze, e in meno di due decenni hanno costruito dal nulla un caso editoriale: premiati come miglior casa editrice indipendente, miglior grafica per le copertine dei libri, migliori diffusori della cultura italiana nel mondo. In Inghilterra hanno pubblicato Foscolo, Cecco Angiolieri, Cavalcanti, Dante, Verga, D'Annunzio, inediti di De Amicis (*Memories of London*) e di Tomasi di Lampedusa (le lettere). Sono diventati amici di un leggendario editore inglese, John Calder, l'editore di Henry Miller, Burroughs e Beckett, da cui hanno acquistato l'intero catalogo, compresi i diritti di *Viaggio al termine della notte* di Céline e di *Esercizi di stile* di Queneau, per una sola simbolica sterlina: in pratica, Calder glielo ha regalato. Se si aggiunge che Gallenzi è autore di romanzi e poesie (pubblicati in inglese, ma che curiosamente nessuno ha finora pubblicato in Italia) e studioso di dialettologia (a cominciare dal dialetto di Genzano di Roma, sua città natale), e che Minervini, nativa invece di Molfetta, vicino a Bari, sta per pubblicare con Bloomsbury, l'editore di Harry Potter, un libro di ricette di cucina pugliese (titolo: *Mammissima*) su cui ci sono aspettative da best seller mondiale, si capisce che siamo di fronte a una coppia decisamente fuori dal comune. Vado a trovarli a Richmond, sobborgo residenziale londinese appena a sud del Tamigi, dove ha sede la casa editrice (l'hanno appena trasferita negli uffici della storica casa editrice che appartenne a Virginia Woolf) e dove vivono, per farmi raccontare come hanno fatto.

Cominciamo dall'inizio, Gallenzi: perché siete emigrati a Londra? "In Italia facevamo traduzioni, da Zola a Gide, da Charlotte Brontë a Virginia Woolf, ma le traduzioni sono notoriamente poco pagate. La strada dell'insegnamento universitario era chiusa dalle solite raccomandazioni e baronie. Finché ricevo un'offerta per fare il lettore d'italiano a Leeds: andiamo a vedere, la città non ci piace, trovo un posto a Londra in una piccola agenzia di traduzioni commerciali. Niente a che vedere con Zola e la Brontë: manuali per automobili, ma un po' me ne intendevo, mio padre era carrozziere. Elisabetta trova lavoro in una piccola casa editrice di libri di psicologia, si occupa del marketing e in breve tempo diventa il direttore commerciale di una più grande casa editrice internazionale. Non aveva neanche trent'anni, in Italia se lo sarebbe sognato".

Era così facile trovare lavoro, per degli stranieri, a Londra? "Siamo arrivati a Londra il giorno del '97 in cui Tony Blair entrava a Downing Street. Era l'alba della cosiddetta Cool Britannia: spirava un vento nuovo, c'era grande entusiasmo, l'economia correva. E davvero non era difficile lavorare: una volta ho ricevuto tre offerte in un giorno solo". E poi? "Dopo aver fatto per qualche mese il libraio, accetto un posto presso un distributore internazionale di libri. Il proprietario era un arabo della Giordania, metto su l'ufficio di Londra tutto da solo, faccio crescere il business. Ma la nostra passione restava la letteratura. Così proponiamo al giordano di fondare insieme una casa editrice: la chiamiamo Hesperus, dal nome della stella del mattino, io ed Elisabetta avevamo il 10 per cento. Pubblicavamo solo classici, piccoli libri, chicche letterarie, riscoperte. Vinciamo quasi subito un premio per la grafica e cominciamo ad ampliare il catalogo. Abbiamo l'idea di chiedere a grandi scrittori di scriverci delle introduzioni e molti accettano: Doris Lessing ne scrive una per un romanzo di Balzac, Umberto Eco per un testo di De Amicis su Costantinopoli. Siamo stati i primi a introdurre in Inghilterra la carta Munken per la stampa dei libri, la più raffinata. Alla London Book Fair allestiamo uno stand bellissimo e gli altri editori fanno la coda per complimentarsi. Alla fine del primo anno avevamo un fatturato superiore alle cinquecentomila sterline".

Non vi bastava? "Con il proprietario c'era differenza di mentalità. E noi desideravamo metterci alla prova da soli. Otteniamo un prestito di cinquantamila sterline impegnando la casa appena acquistata con il mutuo e mettiamo su Alma Books. Il primo libro esce nel novembre del 2005, due mesi dopo aver lasciato Hesperus, *The English Harem* di Anthony McCarten: vende venticinquemila copie. Siamo diventati così amici che ha fatto da padrino al nostro secondogenito. E ora lui, dopo aver vinto un premio della British Academy of Film and Television Arts, è candidato all'Oscar, come sceneggiatore del film su Hawking tratto dal nostro libro". L'Inghilterra letteraria non guardava dall'alto in basso due immigrati italiani? "Londra non ti discrimina perché sei straniero, giovane e non conosci nessuno. Quello che conta è se hai talento e che cosa proponi. La prova è l'amicizia che abbiamo stretto con Calder, uno dei più famosi editori britannici. Anche qui naturalmente c'è una cerchia in cui non entri, se non hai frequentato Eton o Harrow e poi Oxford o Cambridge, ma c'è spazio anche per gli outsider, è una realtà meritocratica". Come è nato il libro dell'Oscar? "Siamo andati a Cambridge a conoscere Jane, ex moglie dello scienziato. Qualche anno prima era uscita una prima versione delle sue memorie, molto criticata, ed era andata male. Insieme abbiamo lavorato a una nuova versione, più breve seppure di quattrocento pagine, meno dura nei confronti di Stephen, con cui, nel tempo, aveva migliorato i rapporti. Il libro è andato subito benissimo, l'abbiamo venduto in venti paesi e siamo diventati quasi i consiglieri di Jane, l'abbiamo incoraggiata noi a cedere i diritti cinematografici". E adesso cosa vi preparate a pubblicare? "Stiamo per uscire con *A Literary Tour of Italy* di Tim Parks e con un altro piccolo inedito, *Le avventure di Pipì, lo scimmiottino color di rosa*, di Carlo Collodi, scritto dopo *Pinocchio*. E naturalmente speriamo di vendere ancora più copie di *Travelling to Infinity* con la fascetta: 'Da questo libro, il film che ha vinto l'Oscar'".

Di copie ne venderà parecchie, in tutto il mondo e non solo in Inghilterra, anche *Mammissima*, il libro di ricette, ricordi e cultura pugliesi che Elisabetta Minervini sta per pubblicare con Bloomsbury: "È un libro di cucina per mamme indaffarate che vogliono offrire ai figli cibo sano, genuino e veloce da preparare", dice lei. "Non ci sono solo ricette, ma anche curiosità e ricordi personali sul mio passato e sulle tradizioni della Puglia... un libro che dà voce alla comunità della mia terra di origine e di Molfetta. A Bloomsbury l'idea è piaciuta molto, hanno in programma una grande promozione internazionale. Speriamo bene". Diventerà famosa, magari, come J.K. Rowling? Elisabetta scoppia a ridere: "Magari!". Poi si fa seria e, ripensando a quello che lei e suo marito hanno costruito dal nulla a Londra, conclude: "È stata un'avventura fortunata: due persone con le idee giuste al momento giusto nel posto giusto, tutto qui".

Tutto qui. Lo ha imparato bene, l'*understatement*.

9.
La star dei tabloid

Sì, va bene, ma alla fin fine chi è l'italiano più famoso di Londra? Famoso non solo tra i banchieri della City o tra i re della moda o tra i businessmen. Famoso non solo all'interno della comunità italiana di Londra ma anche fra gli inglesi, anzi fra tutti gli altri abitanti della metropoli, inglesi compresi, e magari pure al di fuori di Londra, in tutta l'Inghilterra. Be', se questa domanda l'avessi posta qualche anno fa, la risposta sarebbe stata semplice: Fabio Capello, l'allenatore della Nazionale di calcio inglese. Perché, sebbene di calciatori e allenatori di talento qui ne siano passati parecchi – Zola e Vialli, Mancini e Ancelotti (questi ultimi hanno vinto una Premier League per uno, il primo con il Manchester City, il secondo con il Chelsea) –, nell'immaginario collettivo della nazione non c'è niente di più grande, diciamo pure di maestoso, dell'allenatore – anzi del manager, come qui chiamano gli allenatori – della Nazionale, dell'Inghilterra del football. Più importanti di lui ci sono forse solo la regina Elisabetta e il primo ministro di turno, e Capello in effetti, nel 2007, era stato accolto come un re: "Se non vinciamo di nuovo i Mondiali di calcio con lui", aveva scritto il "Sun", alludendo all'unica volta che li hanno vinti, nel lontano 1966, quando per di più giocavano in casa, "non li vinceremo mai più con nessun altro".

Ebbene, non li hanno vinti nemmeno con il nostro mascellone e dopo un po' lui se n'è andato, o l'hanno cacciato, o una via di mezzo, comunque si è arrivati a un divorzio. Adesso la Nazionale è in mano a un inglese (Roy Hodgson, che ha allenato in Italia, ma è il suo unico vero titolo di merito), pochissimo carismatico, e scommetterei che con lui i Mondiali l'Inghilterra non li rivincerà di sicuro.

Ma restiamo in tema: dopo l'allenatore della Nazionale di calcio, chi potrebbe essere il secondo italiano più famoso di Londra? La risposta è facile: la moglie dell'allenatore della Nazionale di calcio. E se lei è italiana e l'allenatore no, l'italiano più famoso di Londra diventa lei. Torniamo un po' indietro nel tempo, all'inizio del nuovo millennio. A Londra arriva come allenatore della Nazionale uno che è svedese di passaporto ma italiano, o quasi italiano, di fama: Sven-Göran Eriksson, che è stato sulla panchina di Sampdoria e Lazio, vincendo lo scudetto con quest'ultima. Algido, introverso, un po' impacciato (tranne che sotto le lenzuola, a giudicare dal numero di flirt che gli sono stati attribuiti in seguito e che lui stesso ha rivendicato nella sua autobiografia), Sven non sembrava proprio un soggetto ideale per i tabloid del Regno.

Il materiale ai tabloid lo fornisce la fidanzata, compagna, partner di Eriksson, un'italiana dai capelli nerissimi che risponde al nome – anche questo perfetto per un'italiana e per i tabloid – di Nancy Dell'Olio: sembra inventato, eppure non lo è. Nancy aveva avuto un'appassionata love story con Sven a Roma, e aveva lasciato il marito, un ricco professionista e dirigente della Lazio, per mettersi con lui. Nella Città Eterna, la relazione con Eriksson le aveva procurato una certa fama, ma era niente rispetto alla fama che ha raggiunto a Londra nei panni di "first lady" del calcio inglese. La sera in cui Eriksson porta la Nazionale a salutare il primo ministro Tony Blair, prima di partire per i Mondiali in Germania, gli occhi di tutti, una volta tanto, non sono puntati sui piedi dei giocatori, tantomeno sull'occhialuto allenatore, che ha un'aria da Mister Magoo, come di uno che si sia perso o si trovi lì per caso o per sbaglio; e neppure, una volta tanto, sul maestro per eccellenza delle comunicazioni e del carisma, ossia il premier laburista: no, gli occhi della nazione sono attratti come una calamita da Nancy, che ha la sfrontatezza di presentarsi al 10 di Downing Street tutta vestita di rosso, inguainata in una serie di spacchi che fanno torcere il collo non solo ai paparazzi ma pure, una volta tanto, all'altrimenti morigerato Blair. Fortuna che sua moglie Cherie, l'altra "first lady", non era nei paraggi. (Qualcuno sostiene perfino che, da allora, Blair non è più riuscito a togliersi Nancy dalla testa. Non ci sono prove, naturalmente. Lei non conferma. Ma nemmeno smentisce. Fa una risatina maliziosa, che ognuno può interpretare come vuole.)

L'interessata, lo ammetto prima che mi si accusi di parzialità nell'assegnarle il titolo di reginetta italiana di Londra, è una mia vecchia conoscenza. Ci eravamo incontrati negli anni Ottanta a New York, dove vivevamo entrambi (Nancy è nata lì, quando i genitori avevano negli Usa una serie di negozi di alimentari, e pur essendo poi cresciuta in Puglia ha anche la cittadinanza americana), io da giornalista, lei da studentessa di un master alla School of Law della New York University (dubito che all'università abbia mai incontrato Lucrezia Reichlin: non potrebbero esserci due italiane più diverse, ma il destino ha finito per portare entrambe prima nella Big Apple e quindi sotto il Big Ben). Un quarto di secolo dopo ci siamo ritrovati a Londra. Benché non abbia mai esercitato la professione, Nancy viene presentata sempre come "l'avvocato italiano". Ad averla resa celebre, naturalmente, non sono stati i tribunali, bensì il pallone. Prima che risplendesse di luce propria, all'inizio ha dovuto la sua fama alla lunga e spesso burrascosa relazione con Sven, definitivamente troncata all'ennesima scappatella di lui, dopo che Nancy lo aveva perdonato varie volte, in almeno una circostanza salvandogli il posto di allenatore e in senso più ampio salvando la nazione: un po' come Hillary, perdonando l'avventura di Bill Clinton con Monica Lewinsky, ha salvato la presidenza e in definitiva l'onore degli Stati Uniti.

Ma di questo intendo riparlare con lei a tavola. Prima va sottolineato e ripetuto che non è solo la palla, per quanto rotonda e imprevedibile, l'unica fonte della fama dell'avvocatessa Dell'Olio sulle rive del Tamigi. Eriksson, dopotutto, non solo non ha fatto vincere i Mondiali all'Inghilterra (neanche lui: sebbene – con Nancy al fianco, come lei tiene a sottolineare – ci sia andato molto più vicino di Capello, facendosi eliminare ai rigori due volte nei quarti di finale, arrivando insomma a un soffio da semifinali e finali), ma non ne è più l'allenatore da un bel pezzo: dopo di lui ne sono già venuti altri tre. A dieci anni di distanza dal licenziamento di Sven, la stella della ormai ex first lady del football inglese non dovrebbe più risplendere tanto. Lei, oltretutto, al suo arrivo descritta dai tabloid come una vamp, una tigre sexy, una prorompente bellezza mediterranea alla Sophia Loren, da allora non è ringiovanita: i giornali locali non perdono occasione per scrivere che ha passato i cinquanta ("Divento più bella ogni anno che passa", commenta l'interessata, con caratteristica modestia).

Eppure è sempre lì, sulla breccia. La breccia dei tabloid, ma non solo: la intervistano il "Times" e il "Guardian", il "Sunday Times" le ha affidato per un po' una rubrica, il raffinato settimanale "Spectator" ogni tanto le chiede degli articoli, viene chiamata in tv a parlare dei temi più svariati. Insomma, non si toglie di torno. Da dove viene tutto questo interesse mediatico per l'avvocato Dell'Olio?

Ricordo il mio shock quando, al nostro primo appuntamento londinese, dopo anni che non la vedevo, incontrandola davanti a un ristorante, gli automobilisti che passavano la riconoscevano al volo e cominciavano a strombazzare, un camionista rallenta, mette la testa fuori dal finestrino, fischia e grida il suo nome con quanto fiato aveva in gola: era come se fosse apparsa la Madonna (o quanto meno, Madonna). Erano i tempi di Eriksson, d'accordo, ma anche adesso, dieci anni dopo, all'uscita del ristorante i paparazzi le sparano i flash; mentre maître e camerieri, dentro il ristorante, si genufletono dandole sempre il miglior tavolo, anzi il *suo* tavolo, perché in ogni ristorante alla moda di Londra Nancy ha un tavolo preferito. Se quando arriva è occupato, si stizzisce, fa una scenata, e se non ottiene che gli occupanti abusivi vengano immediatamente sfrattati perché il tavolo sia restituito a lei, la legittima proprietaria, poco ci manca.

Insomma, cosa fa la signorina (non si è mai sposata, in effetti: "Non ancora", mi corregge lei, "il bello deve venire") Annunziata Nancy Dell'Olio per meritare tutta questa attenzione? Non è un'attrice. Non è una cantante. Non è un'artista. Non è una filosofa o una pensatrice, o un'intellettuale. Non è nemmeno un'imprenditrice, una manager di successo. Non è, l'ho già detto, un avvocato, o quantomeno non esercita la professione. E allora che cos'è, perché è diventata una celebrità londinese, conosciuta da tutti, dai tassisti ai professori universitari?

Be', qualcosa a dire il vero ha fatto e fa. Ha ballato nella versione inglese del talent show *Ballando sotto le stelle*: non l'ha vinto, ma ne è stata la vincitrice morale, perché fino a quando è stata in gara si parlava solo di lei, a dispetto del fatto che giudici e giornali la prendevano in giro sostenendo che non solo non sa ballare ma è proprio negata. Negata o meno, subito dopo è stata chiamata per portare in giro nei teatri dell'Inghilterra una versione "live" della trasmissione, e anche lì i flash erano tutti per lei. Ha anche recitato, al festival di Edimburgo, in uno *one woman show* in cui faceva sostanzialmente la parte di sé stessa, ovvero di una diva, e anche lì, sebbene i giornali l'abbiano presa in giro sostenendo che oltre a non saper recitare non sa nemmeno parlare inglese in modo comprensibile ("L'ho intervistata una volta per 'Newsnight', ma non ho capito una parola di quello che ha detto", afferma Jeremy Paxman, il più famoso giornalista televisivo della Bbc), ha fatto notizia più di molti altri navigati protagonisti del teatro e della cultura. Ha inoltre pubblicato un'autobiografia, scritta di suo pugno o da un ghostwriter non fa differenza: si sa che tante star dello show-business non scrivono davvero i propri libri di memorie; e insomma, non sono tanti gli italiani contemporanei di cui sia uscita un'autobiografia in lingua inglese, *My beautiful game* (ognuno può interpretarlo come vuole), con all'interno venti pagine di foto patinate. Dunque, almeno un po', può vantarsi di essere ballerina, attrice, scrittrice, giornalista. E si è occupata di diritti umani con un'iniziativa benefica collegata al calcio, è in trattative per un show televisivo, uno spettacolo teatrale, un profumo, un negozio, anzi una catena di negozi, un altro talent show, una marca di limoncello...

Magari non tutti questi progetti si realizzeranno, magari addirittura nessuno: ma lei, instancabile, riparte con altre idee, sempre indaffaratissima, trasportata da un appuntamento all'altro, da un lunch di lavoro a una cena di gala, da un cocktail a un vernissage, dal suo fedele autista con Mercedes, mentre un segretario tuttofare le organizza la giornata e un altro aggiorna per lei la sua pagina Twitter. Per sminuirla, la definiscono una "tabloid personality", un personaggio da stampa scandalistica; eppure il "Guardian", quotidiano della sinistra intellettuale londinese, le dedica un ritratto di cinque pagine con foto, che comincia così: "Se mai vi capitasse l'opportunità di passare un pomeriggio con Nancy Dell'Olio, raccomando calorosamente di non farsela scappare. Questa donna è un tornado. Vi divertirete come pazzi". L'occasione è l'ennesimo Nancy-progetto: un musical, intitolato *Fashion Victim*. Non è lei la vittima del fashion a cui allude il titolo, ha solo una particina: ma, guarda caso, è a lei che il raffinato quotidiano dedica cinque pagine, non all'attrice protagonista. "Per forza, come potrei, io, essere vittima del fashion?", commenta. "Certo che no! Una vittima del fashion è qualcuno che ne rimane prigioniero. Io amo il fashion. E non sono in prigione".

E poi c'è il capitolo sui suoi amori, post Eriksson. Be', non sono aggiornato su tutti, ma stando ai giornali ha avuto un flirt con Trevor Nunn, uno dei più grandi commediografi e registi inglesi; e un altro – pare, sembra, forse – con Mark Shand, fratello di Camilla, la (seconda) moglie del principe Carlo. Il fratello di Camilla, veramente, aveva negato con un commento non proprio aristocratico: "È più probabile un mio flirt con una melagrana matura che con Nancy Dell'Olio". Mal gliene è incolto, perché una settimana dopo è morto in modo bizzarro, scivolando (forse su una buccia di banana, se non proprio su una melagrana matura) all'uscita di un locale a New York e sbattendo la testa sul marciapiede. In vita sua aveva girato il mondo a dorso di elefante, era un esperto viaggiatore, e ha avuto una fine così banale, insensata, quasi ridicola. Chi vuole leggere dei segni nelle cose, li trova: la morale è che dire male di Nancy, mettersi contro di lei, porta sfortuna. Non lo dico io. Lo dice lei, sostenendo per esempio che, dopo averla lasciata per una segretaria della Football Association, la carriera di allenatore di Eriksson ha cominciato a declinare, quindi è precipitata, e un tecnico che è stato sulla panchina di Lazio, Inghilterra, Manchester City (finché stava con Nancy) è finito sulla panchina di Messico, Costa d'Avorio, squadre inglesi di serie B, poi squadre cinesi di cui nessuno, nemmeno Marcello Lippi che pure da quelle parti ha allenato, ha mai sentito parlare. Insomma, a Nancy non mancano i detrattori, di lei c'è persino gente che si fa beffe, ma io non sono tra questi.

Fra le cose che Nancy sa fare, sa scegliere i ristoranti. Per anni ci siamo visti a pranzo da Cipriani, il ristorante aperto dal grande Arrigo dell'Harry's Bar, per qualche tempo il più alla moda di Londra, frequentato da gente come Mick Jagger, David Beckham e la duchessa Sarah Ferguson (li ho visti con i miei occhi – mentre pranzavo con Nancy, al *suo* tavolo). Poi si è stancata (a quel punto Cipriani ha perso il diritto di chiamare Cipriani il suo ristorante, ha dovuto ribattezzarlo C e oggi non è più così alla moda: un altro segno che perdere i favori dell'avvocato Dell'Olio non porta bene?). Quindi mi ha invitato all'Ivy, il club dove cenano solo le celebrità inglesi: non ci troverete arricchiti russi, sceicchi arabi e tantomeno italiani (continua a frequentarlo, almeno saltuariamente, e infatti la reputazione dell'Ivy non sembra essersi appannata).

Per l'occasione mi dà appuntamento al ristorante di un nuovo hotel appena aperto e già diventato il posto di cui parlano tutti in città. Carissimo, naturalmente. Ma Nancy fa sempre così: è abituata bene (e non è mai lei a pagare, naturalmente). E allora: eccomi seduto in un séparé del Colony, ristorante del

Beaumount Hotel, 8 Balderton Street, poco sotto Oxford Street, la via dello shopping, ma è come essere su un altro pianeta. Stile art déco, pareti rivestite di marmo nero di Carrara, silenzio ovattato, stuoli di camerieri che scattano, odore di suprema ricchezza. Sono al tavolo prenotato da lei, il tavolo di Nancy, il migliore: come al solito (quando avevo provato a prenotare io, mi avevano detto: "Sorry, non c'è posto"). Lei è in leggero ritardo. È sempre in leggero ritardo, ma fa parte del personaggio: bisogna aspettarla. Ed eccola, dopo i tradizionali quindici minuti di attesa. I camerieri scattano. Il maître si sprofonda in un inchino. Il manager del ristorante si precipita a salutarla. Quindi anche il manager dell'albergo. Non è finita: vengono a omaggiarla pure i clienti degli altri tavoli. Mi domando che reazione susciterebbe l'arrivo della regina, ma Nancy non ha dubbi: "Sarebbe più o meno la stessa". Ci portano due calici di champagne. Nancy li manda indietro sdegnata. Il cameriere non sa che lei lo champagne lo beve solo dalle coppe? Il cameriere non lo sapeva. Forse è nuovo. Forse verrà esiliato in qualche fast food del Terzo mondo. Torna a razzo con due coppe di champagne. Considerato che costa 14 sterline (20 euro a coppa), me lo bevo fino all'ultima goccia. Il resto del menu non è da meno: alla fine, il conto arriverà a 172 sterline (circa 240 euro) e avremo mangiato soltanto due soglioline ai ferri. Nel trambusto generato dal suo arrivo, mi ero dimenticato di osservare la sua mise. Indossa una minigonna talmente corta che sembra in mutande. A un'occhiata più attenta, la minigonna si rivela effettivamente un paio di mutande: sono degli shorts. Al piano superiore, una scollatura da cui trabocca il seno generoso. Ai piedi, stivaloni di pelle nera da moschettiere. Al collo, ai polsi, sulle dita, collane, bracciali, anelli grossi come noci... sembra che abbia appena svaligiato una gioielleria.

Esauriti i convenevoli, vengo al sodo: vorrei scrivere su di lei, dico attaccando la sogliolina, un capitolo del mio libro sugli italiani di Londra. "Ma come 'un capitolo'?! Tutto il libro su di me devi scrivere!". La modestia, come ho già detto, non è fra le sue virtù. Eppure non sono mai del tutto sicuro se Nancy, come si suol dire, ci è o ci fa: se creda davvero a quello che dice o se sia tutto parte di una recita, in cui la maschera diventa il volto ma in fondo non dimentica di essere una maschera. Oppure è il coraggio dell'incoscienza, ma anche quello è pur sempre coraggio. Cos'è Londra, per te, Nancy? "Un villaggio". In che senso, "un villaggio"? "Nel senso che conosco tutti quelli che a Londra bisogna conoscere e tutti loro conoscono me. Non è la Londra che frequentano i turisti e, scusa, nemmeno la Londra frequentata dagli altri italiani che ci vivono. La mia Londra è una piccola città, un villaggio appunto, fatta di ristoranti esclusivi, club privati, alberghi di lusso, feste per Vip, dove entrano solo quasi esclusivamente gli inglesi. E io, naturalmente". E cos'è che li ha conquistati, di te? Cos'hai che piace tanto, agli inglesi? "La mia personalità". Pausa. "Oltre al fatto, chiaramente, di aver salvato l'Inghilterra".

Ecco, proprio di questa storia volevo sapere di più e Nancy me la racconta per bene. Una delle volte che l'algido Sven la tradisce, mentre allena l'Inghilterra, andando a letto con una segretaria della Federcalcio inglese, scoppia uno scandalo di dimensioni, è il caso di dire, nazionali. In Italia magari si sarebbe detto: affari suoi, o qualcuno gli avrebbe pure fatto i complimenti. A Londra l'etica è differente. Non è solo il fatto di aver tradito pubblicamente (beccato in flagrante dai tabloid) la fidanzata, ovvero la first lady del pallone, a irritare gli inglesi. C'è pure l'improprietà di aver approfittato della sua posizione per portarsi a letto, in sostanza, una dipendente. Per farla breve, Eriksson sta per perdere il posto. È il 2002, manca poco alla partenza della squadra per i Mondiali in Corea e Giappone. Privarla dell'allenatore sarebbe un disastro. La nazione intera – una nazione di cui il football, un po' come in Italia, è la vera religione – è sull'orlo del precipizio. Basterebbe che Nancy se ne andasse, fuggisse di casa in lacrime o, peggio ancora, vuotasse il sacco sulle amarezze della vita a due con Eriksson dando un'intervista a un tabloid, e il disastro sarebbe irreparabile. Allenatore licenziato. Squadra demoralizzata. Mondiali fottuti. Ma, come Hillary con Bill, Nancy non se ne va, non fugge di casa in lacrime, non vuota il sacco con i tabloid. Perdona l'impenitente svedese. E la domenica successiva, con stoico coraggio, va insieme a lui allo stadio a vedere Arsenal-Chelsea per dimostrare pubblicamente che la crisi è superata.

Proviamo a rivedere la scena di quel pomeriggio allo stadio. Le telecamere a circuito chiuso inquadrano la coppia: Sven e Nancy in tribuna d'onore. L'immagine viene riprodotta sul grande schermo dello stadio. I tifosi la riconoscono immediatamente. E cominciano a scandire in coro: "Nancy, Nancy, Nancy". Il suo nome rimbomba dentro lo stadio come un uragano. L'arbitro nel frattempo è al centro del campo pronto a fischiare l'inizio del match. Anche le due squadre sono pronte. Ma non è pronto lo stadio. "Nancy, Nancy, Nancy". Nuova zoomata delle telecamere a circuito chiuso, stavolta soltanto su Nancy. Gli occhi di sessantamila tifosi la guardano. Gli occhi di ventidue giocatori la guardano. La guardano anche gli occhi dell'arbitro, che in quel pandemonio non ci pensa minimamente a dare il fischio d'inizio: e anche lui, come paralizzato, aspetta che succeda qualcosa. Già, ma cosa, cosa dovrebbe succedere? Qualcuno, in tribuna d'onore, forse il presidente della Federcalcio in persona, ha un'idea e dà un ordine. Un addetto si avvicina rispettosamente a Nancy e le fa capire che i tifosi, i giocatori, l'arbitro, insomma per estensione l'Inghilterra intera, aspettano un gesto da lei, altrimenti la partita non può cominciare. E Nancy allora si alza in piedi e fa ciao con la manina. Boato di soddisfazione e gratitudine sugli spalti. Nancy si rimette a sedere. L'arbitro fischia. La partita comincia. L'Inghilterra è salva.

"No, non se lo sono dimenticati, gli inglesi, quello che ho fatto quel giorno", conclude il suo racconto Nancy, visibilmente commossa. E magari sarà pure vero: altrimenti perché sarebbero così pazzi di lei?

È stato un lungo racconto. Lo champagne è finito. Il cameriere si appresta a versarne dell'altro, ma lo fermo: con quel che costa, preferisco l'acqua minerale. Ma bando al passato, pensiamo al futuro: "Sai qual è la mia nuova idea?" riprende Nancy, asciugate le lacrime, di nuovo baldanzosa. No, quale? "Rifare opere liriche, drammi teatrali e magari perfino romanzi, con un finale diverso. Perché, per esempio, Anna Karenina deve suicidarsi? Io farei morire il marito, piuttosto, e scappare via lei felice con il suo amante". C'è da scommettere che, se fosse a tavola con noi, anche il conte Tolstoj sarebbe d'accordo. E alzerebbe il suo calice di champagne, sorry la sua coppa, alla salute di Nancy Dell'Olio. Brindando così, se fosse qui con noi a Londra: "God save the Queen". Che Nancy, a salvarsi, ci pensa da sola.

10.

Cinema Buckingham Palace

Ho conosciuto italiani in tanti posti, a Londra, ma soltanto una l'ho conosciuta a Buckingham Palace. Beninteso: non ci eravamo dati appuntamento lì. Per quanto lei abbia teoricamente più possibilità del sottoscritto di frequentare il palazzo reale, nessuno dei due era un *habitué* della regina. Ma quel giorno Sua Maestà ci aveva invitati a cena entrambi. E ci siamo conosciuti, si può dire, alla sua tavola. Naturalmente non eravamo noi tre – l'italiana, Elisabetta II e io. C'erano anche altre, più o meno, cinquecento persone.

La sovrana dava un banchetto in onore del presidente della Repubblica Carlo Azeglio Ciampi in visita di Stato a Londra. Gli invitati sedevano intorno all'immenso tavolo a ferro di cavallo, con al centro la regina e il presidente e poi via via tutti gli altri, in ordine di importanza. Io ero il più lontano dai due protagonisti della serata: seduto proprio in fondo al tavolo, ancora un po' e mi sarei ritrovato in cucina con gli sguatteri di corte. Lei, l'italiana di cui vi parlo in questo capitolo, era circa a metà strada (parlare di strada non è fuori luogo, viste le dimensioni del salone) fra me e la regina. E accanto a lei c'era suo marito. Io ero stato invitato alla serata non per meriti personali ma come rappresentante del mio giornale, in segno di rispetto per l'ospite d'onore Ciampi. Loro due per meriti reciproci, in un certo senso, come marito e moglie: Colin Firth in quanto grande attore inglese, Livia Giuggioli Firth, sua moglie, in quanto legame della coppia con l'Italia. Sapevo che Colin era sposato (in seconde nozze) con un'italiana, ma era la prima volta che la vedevo: al cocktail prima di cena, e al caffè nel fumoir dopo cena, avevo avuto modo di osservarla e scambiare un saluto. Così il giorno dopo, nel mio resoconto sul giornale dell'esperienza da Cenerentolo a palazzo reale (avevo noleggiato per l'occasione frac, auto e autista, da riconsegnare tutti entro mezzanotte se non volevo ritrovarmi in una zucca), dedicai un paio di righe a Livia, parlando del suo lunghissimo "collo da cigno" che l'abito da sera metteva gradevolmente in risalto.

Da allora ho rivisto Livia diverse volte: non è precisamente un'amica, ma credo di poterla definire una buona conoscente. Ci siamo incontrati all'ambasciata italiana in occasione di un premio (a Colin). Rivisti alla prima del film *Il discorso del re*, per il quale lui ha poi vinto l'Oscar come miglior attore protagonista. Le ho fatto visita nel suo negozio Eco-Age di abiti ecologici a Chiswick. Sono stato invitato in casa sua, una cena per me mitica quasi quanto quella in casa di Elisabetta II, con Colin e un paio di attori americani suoi amici, Kevin Bacon e Stanley Tucci. Tutti simpaticissimi. Cosa abbia reso simpatico me a Livia, me lo ha rivelato ridendo lei stessa: l'espressione con cui l'avevo descritta nell'articolo sul nostro incontro a Buckingham Palace. "Quando sono tornata in Italia a passare le vacanze nella mia casa in Umbria, con familiari e amici, tutto il paese si è messo a chiamarmi cigno, non facevano che ripetermi 'cigno, cigno, cigno', è diventato il mio soprannome". Fortunatamente non se l'è presa, interpretandolo come un complimento, quale in effetti era. Conoscendoci meglio, ho scoperto che Livia viene dal cinema, come Colin, e che ha sviluppato altre due passioni: l'attività a sostegno dei diritti umani, in particolare contro la pena di morte (tema su cui ha scritto un paio di articoli pubblicati su "Repubblica"), e l'ecologia, che l'ha portata ad aprire prima un negozio di prodotti "verdi", quindi a lanciare una linea di abbigliamento "sostenibile" finito indosso alle star di Hollywood alla serata degli Oscar, e infine a creare insieme a suo fratello eco-age.com, una società di consulenze ecologiche, con cui insegna alle aziende come produrre rispettando l'ambiente.

È lì che vado a trovarla, sempre a Chiswick, che poi è anche il quartiere in cui vive. La sede della società è in un edifico che da fuori sembrerebbe una lavanderia, ma dentro rivela uno di quei meravigliosi spazi post-industriali con giardinetto sul retro che fanno tanto start up e high tech: "D'estate facciamo il lunch tutti insieme sull'erba", dice Livia, "quando il tempo lo consente, ovviamente". Sappiamo tutti e due come può essere ingannevole l'estate londinese. Ma ci abbiamo fatto l'abitudine e non ce ne lamentiamo – al massimo si fa una capatina in Italia, se cresce la nostalgia del solleone. Allora, riassunto delle puntate precedenti? "Ho conosciuto Colin a Cartagena, in Colombia, sul set di un film chiamato *Nostromo* di cui lui era protagonista. Io facevo la production coordinator. Era una coproduzione di Bbc e Rai, per questo c'era un team di italiani e di inglesi... del cast facevano parte Claudio Amendola, Albert Finney e Claudia Cardinale. Il cinema è stato la mia prima passione: mi sono laureata alla Sapienza di Roma con una tesi su *Nuovo Cinema Paradiso* di Giuseppe Tornatore, che poi è diventata la base per un documentario diretto da Marc Evans, *Un sogno fatto in Sicilia*. E su quel set galeotto, a Cartagena, Colin e io ci siamo innamorati". Poi fidanzati, quindi sposati.

Livia ha continuato a fare la produttrice cinematografica fino a quando dal matrimonio con Colin sono nati due figli, di cui ha voluto occuparsi a tempo pieno anche per compensare le assenze di lui quando gira (adesso che i figli sono un po' più grandi ha ripreso a lavorare come produttrice, anche dei film del marito). Pur senza muoversi da Londra, tuttavia, da un'idea di suo fratello sono nati prima il negozio di abiti ecologici e poi la società di consulenze di cui Livia è il direttore creativo. "Londra mi è sempre piaciuta, ma a un certo punto era diventata anche un modo per stare lontana dall'Italia di Berlusconi, una vera fonte di vergogna per noi italiani all'estero. Adesso sono qui da vent'anni... cosa posso dirti di Londra? È un luogo moderno, cool, dinamico, creativo. Per me non esiste al mondo un'altra città così, anche se purtroppo continua a crescere il divario tra ricchi e poveri...

è una città sempre più spaventosamente cara e questo mi fa arrabbiare. La mia identità è ancora italiana, però sono un'italiana strana. Con una visione del mondo inglese. Quello che salvo dell'Italia, e in cui mi riconosco, è il senso della famiglia, un sentimento forte, profondo... Ai miei figli parlo in italiano e lo hanno imparato, anche se poi a volte discutiamo in una strana lingua mista terribilmente buffa che forse risulta incomprensibile sia agli inglesi che agli italiani, ma noi ci capiamo benissimo".

La lingua dei figli degli espatriati, cara Livia – la parlo anch'io con mio figlio.

11.

L'architetto volante

Un giorno alla settimana, tutte le settimane, Annamaria Anderloni mette la sveglia all'alba, prende un taxi per l'aeroporto di Heathrow, sale su un aereo alle dieci del mattino di Londra, atterra sei ore più tardi al John Fitzgerald Kennedy quando a New York è l'una del pomeriggio, prende un taxi per il centro di Manhattan, lavora mezza giornata, mangia qualcosa, prende un altro taxi per il Kennedy, sale su un aereo alle dieci di sera e la mattina seguente è di nuovo a casa sua, a Londra. Di mestiere non fa il killer né il contrabbandiere, bensì l'architetto: nello studio di Norman Foster, uno della mezza dozzina di archistar che si dividono il mondo.

A New York va per occuparsi dell'architettura degli interni di una grande catena di alberghi: Foster naturalmente ha uffici anche nella Big Apple, ma lei aveva cominciato a seguire quel cliente a Londra e lo studio, d'accordo con il cliente, ha preferito lasciare che continuasse a seguirlo negli Stati Uniti, in modo da conservare un'uniformità di stile e di scelte. Be', un po' ho esagerato: magari non ci va proprio tutte le settimane, a New York. Ma quasi. E qualche volta si ferma a dormire una notte a Manhattan, se ha un appuntamento la mattina presto. Resta il fatto che è una donna, o se preferite un architetto, perennemente in viaggio: si è abituata a trasferte frequenti, si muove attraverso l'Europa, il Medio Oriente, le Americhe, con la stessa facilità e disinvoltura di un pendolare di qualche decennio or sono che andava in treno a lavorare a Milano e poi tornava a Bologna. "A New York", confida, "non mi porto dietro neanche il trolley, quello che

104

mi serve lo metto nella borsa o nello zainetto dove tengo il computer". Tanto ci resta così poco che non ha quasi nemmeno il tempo di cambiarsi.

Annamaria attraversa l'Oceano Atlantico in aereo come una generazione fa si attraversava la pianura Padana in treno. Londra e New York, insomma, come due quartieri della stessa megalopoli, divisi da un grande lago di acqua salata che un jet attraversa in cinque ore (il Concorde lo attraversava in tre). È così che il mondo si rimpicciolisce. Naturalmente, viaggiando così spesso e su percorsi così lunghi, il suo datore di lavoro vuole che arrivi a destinazione il più fresca e riposata possibile: vola solo in business class, le business lounges degli aeroporti sono per lei come una seconda casa, dove fa la doccia, si gode un massaggio, si rilassa o lavora. E il suo "free mileage" è così zeppo di punti che potrebbe partire per il giro del mondo gratis, portandosi dietro un amico – gratis anche lui, naturalmente.

Viene da Aosta, e questo forse un po' l'ha aiutata: nel carattere solido della gente di montagna, penso io, "nell'essere cresciuta in un mondo di frontiera, dove tutti parlano due lingue, italiano e francese, e una piccola città o villaggi minuscoli sono per questa ragione più cosmopoliti di centri urbani assai più grandi", precisa lei. "Mi sono laureata in Architettura a Torino", racconta. "Avevo fatto un anno di Erasmus a Parigi e l'esperienza mi era molto piaciuta. Così ho pensato di cercare lavoro all'estero, anche perché da noi avevo avuto la sensazione che senza raccomandazioni non sarei andata lontano. Ho trovato subito posto in uno studio di architettura a Siviglia, poi in un altro a Saragozza. Non che sapessi bene lo spagnolo, ma all'inizio mi sono arrangiata e poi l'ho migliorato. L'inglese lo sapevo un po' meglio, e a Londra avevo qualche amico, così dopo qualche anno ho cercato lavoro qui e di nuovo è stato facile trovarne uno. È stato facile anche perderlo, poi, perché qui ti licenziano con la stessa rapidità con cui ti assumono. Ma l'ho sempre ritrovato. Anzi, non sono mai stata un solo giorno veramente disoccupata: perso un treno, ne passava un altro". Merito del dinamismo dell'economia britannica – o, meglio ancora, del dinamismo di Londra, che è una città-nazione a sé –, e certo almeno in parte merito del dinamismo di Annamaria: del resto, si dice che sono quasi sempre i migliori ad andarsene dall'Italia e lei, nel suo campo, ne è la conferma vivente.

In questo susseguirsi di offerte di lavoro londinesi, a un certo punto le arriva quella dello studio Foster: come, per un calciatore, essere comprati dal Real Madrid. Annamaria segue tutta la trafila: assistente, architetto, associato, partner associato, infine, pochi mesi fa, la promozione a partner, ossia socio (in tutto ce ne sono 120 su 1200 dipendenti della sede di Londra, di cui tre italiani, lei compresa). "Lavori tanto, viaggi molto", dice. "Faccio una cosa che amo, l'arte e il disegno mi sono sempre piaciuti: mi sono specializzata negli interni e per Foster ho progettato gli interni di musei, ristoranti, alberghi". E il grande Norman Foster com'è, visto da vicino? "Molto carismatico, pacato, chiarissimo, con una grande capacità di comunicazione e di anticipare le nuove tendenze in modo semplice, e di spiegartele". Preferisce Londra a New York: "Ha una scala più umana, è meno claustrofobica e convulsa". Abita a sud del Tamigi, vicino allo studio di Foster, da sola: se c'è un prezzo che ha pagato, per la sua magnifica carriera in movimento tra Londra e New York, è stato di non essersi formata (non ancora) una famiglia.

Cos'è Londra, per lei? "Una città che ti dà quello che vuoi. Ti fa sentire parte del mondo, forse perché era la capitale del più grande impero della Terra e ancora di più, in anni recenti, per la globalizzazione che ha portato qui, sulle rive del Tamigi, il mondo intero. Tutti viaggiano, a Londra, tutti vogliono fare cose e vederne altre, tutti si interessano a tutto". Nessuna nostalgia dell'Italia? "Un gran bel posto in cui tornare ogni tanto, ma anche un posto con difetti che mi irritano". Per esempio? "La mancanza di meritocrazia, che per me, che vengo da una famiglia della classe media e nel mio campo non conoscevo nessuno, sarebbe stato un ostacolo insormontabile. Scarsa meritocrazia vuol dire scarsa democrazia, significa che i più meritevoli non possono andare avanti, a meno di essere, oltre che meritevoli, così fortunati da ricevere una spinta".

Poi confessa che in effetti, dopo una dozzina di anni a Londra, non si sente più neanche italiana. Cosa si sente, allora?, non inglese per caso? "No, mi sento europea. Un'europea che è nata in Italia, ha studiato, vissuto e lavorato in Francia e in Spagna, e ora vive a Londra. Orgogliosa di appartenere alla Generazione Erasmus, la prima generazione di giovani che hanno potuto fare all'estero almeno uno degli anni di studio universitario e si sono aperti mentalmente all'idea di poter trovare lavoro, a patto di apprendere altre lingue, non solo in Italia ma teoricamente in uno qualsiasi dei ventotto paesi dell'Unione europea. Sì, mi sento il prodotto degli sforzi che la Ue ha fatto per creare un continente unito. La criticano in tanti la Ue, ma quelli che la criticano non comprendono cos'è, non ci sono entrati dentro. Noi della Generazione Erasmus, invece, sì. Non è solo questione di avere una moneta comune, è molto di più. È un salto culturale. È la mia amica tedesca sposata con un italiano ed entrambi pronti a fare figli che cresceranno a Londra e diventeranno, per l'appunto, più europei che britannici. È quello che è accaduto in America nel secolo scorso, trasposto in Europa in questo secolo appena iniziato. Una grande sfida. Per me, la soluzione dei problemi dell'Italia è proprio l'Europa. Vorrei meno campanilismo, in Italia, e più cosmopolitismo. Se avessi la bacchetta magica, abolirei le elezioni italiane o le trasformerei in un rito locale, l'equivalente delle amministrative. Mi piacerebbe che tutti gli europei potessero votare per scegliere tra la Merkel e Hollande. Dovremmo avere un autentico governo continentale per cinquecento milioni di europei: allora le cose cambierebbero, e io spero che ci arriveremo".

Può sembrare paradossale che lo dica da Londra, capitale di una nazione insulare in cui si agitano molti sentimenti xenofobi e antieuropei, tra nostalgie del British Empire e rigurgiti nazionalisti. Ma chi vive a Londra vede una realtà diversa:

fra dieci anni la maggioranza degli abitanti della capitale saranno stranieri. "Ho preso la doppia cittadinanza: ho anche il passaporto britannico, perché è più semplice per l'ufficio viaggi della Foster ottenere i visti di cui ho bisogno quando vado in Medio Oriente", dice Annamaria, prima donna dello studio Foster a viaggiare da sola, non accompagnata da un uomo, in Arabia Saudita. "Ma quello che conta di più per me, sul passaporto britannico come su quello italiano, è la scritta Unione europea".

12.
CSI London

Flashback. Questa intervista, in un certo senso, è iniziata una decina d'anni fa in costume da bagno – calzoncini l'intervistatore, bikini l'intervistata – nella piscina di una palestra su Finchley Road. Avevo accompagnato mio figlio a lezione di nuoto e, già che c'ero, mi apprestavo a fare qualche vasca per ingannare l'attesa, quando notai una mamma che giocava nella vasca per i bambini più piccoli con la figlia di pochi anni. Parlavano tra loro in italiano, attaccai discorso e scoprii che una seconda figlia faceva lo stesso corso di nuoto del mio. Facemmo un po' conoscenza, così appresi che quella mamma era medico in un ospedale di Londra, ma non abbastanza conoscenza da approfondire esattamente cosa facesse in ospedale, quale fosse la sua specializzazione. Medico generico, o General Practitioner, abbreviato in GP, come si dice qui? Forse pediatra, visto com'era brava con i bambini? Magari oculista? Dall'aspetto, in verità, l'avrei presa non per un medico ma per una fotomodella o un'attrice. Fine del flashback.

Dieci anni dopo, l'intervista è entrata finalmente nel vivo – giacca di velluto e jeans l'intervistatore, giubbotto di pelle, gonna e stivali l'intervistata – in un caffè macrobiotico affacciato sul Camden Lock, la chiusa da cui passano le chiatte sul Regent's Canal. E in questo modo ho scoperto che quella bella signora italiana, di mestiere, faceva l'investigatore alla CSI (Crime Scene Investigation) sezionando cadaveri all'obitorio per praticare l'autopsia e determinare la causa del decesso. Adesso non lo fa più, trascorre la maggior parte del tempo a diagnosticare tumori del sangue sui vetrini al microscopio, sebbene di tanto in tanto venga ancora consultata per la sua esperienza precedente: un collega ha chiesto il suo parere anche per l'autopsia di Amy Winehouse. In ogni caso, la storiella che vi ho raccontato contiene una lezione: mai lasciarsi ingannare dalle apparenze, bikini o giubbotto di pelle che siano. Parafrasando il detto inglese, "what you see it's *not* what you get", almeno non sempre, e certamente non nel caso di questa dottoressa italiana immigrata in Inghilterra. Ma come ci è finita, qui, con compiti da CSI, e poi da scienziata al microscopio? Tra un tè verde e un'insalata, la subisso di tutte le domande che non le ho fatto dieci anni fa in piscina.

"Le tue domande, caro Enrico, mi danno l'opportunità di ripensare al mio passato in maniera anche un po' romantica", risponde la dottoressa Mariarita Calaminici. "Pensa, proprio quest'anno compio venticinque anni di vita londinese: un bel traguardo dal mio punto di vista, metà della mia vita!". Le chiedo di riassumerla, questa seconda metà. "In sintesi: arrivo a Londra nel 1990, dopo una laurea in Medicina e Chirurgia, Università Magna Græcia, Catanzaro, e fresca di due anni e mezzo di scuola di specializzazione in Anatomia patologica, al Policlinico universitario di Messina, con la misera borsa di studio di una casa farmaceutica veneta ormai scomparsa, per avviare un progetto di ricerca in 'experimental neuropathology'. Conoscenza lingua inglese: zero o giù di lì. Conoscenti a Londra (fatta eccezione per il marito): zero. Progetti per il futuro a breve e medio termine: zero. Risorse finanziarie: sotto zero. Speranza di ottenere un posto in Italia finita la specializzazione a Messina, senza nessuna conoscenza di tipo baronale: zero. Maturità psicologica per affrontare un'esperienza all'estero: alquanto scadente per una venticinquenne. Entusiasmo: alle stelle".

E cosa hai fatto con tutto quell'entusiasmo? "Con le suddette premesse, inizio a lavorare nel dipartimento di Neuropatologia del rinomato Institute of Psychiatry, King's College, dopo aver conosciuto tramite mio marito il dottor

John Stephenson, *senior lecturer* nel dipartimento di Neuroscienze. John è una splendida persona, diventiamo amici e dopo i primi due mesi mi propone di chiedere una 'grant application' – in sostanza, una borsa di studio – alla Comunità europea (allora Eec), che a quel tempo finanziava una decina di dottorati per giovani ricercatori provenienti da zone 'underprivileged' in Europa. Leggendo l''application', con grande stupore scopro che la Calabria – insieme a Portogallo, Spagna meridionale e Grecia – fa parte delle università considerate 'underprivileged' e così, con uno sforzo sovraumano e l'aiuto di John, mi metto a scrivere questa 'grant application'. Quattro, cinque mesi più tardi arriva la risposta da Bruxelles: positiva! Il progetto sulla riproduzione in laboratorio della demenza di Alzheimer è piaciuto, la PhD studentship viene concessa, per la durata di tre anni e mezzo. Quasi non ci credo: qualcuno in Belgio nella commissione scientifica della Comunità europea ha creduto nelle capacità di una dottoressina piccola piccola, fresca di università, proveniente dalla 'Calafrica', da una famiglia 'very low middle class'. Sono così scioccata che mi convinco che la mia mamma ha ragione: dev'essere la nonna, che mi segue passo passo dal paradiso".

E poi la nonna dove ti ha accompagnato? "La borsa di studio di Bruxelles rappresenta il salto di qualità: adesso ho un posto vero e proprio come PhD student, regolarmente iscritta all'università di Londra, King's College, e soprattutto ho una busta paga a fine mese che mi consente di vivere decentemente. Così inizia l'avventura! Studio e lavoro moltissimo, una media di dieci ore al giorno compresi quasi tutti i weekend (ho la fortuna/sfortuna di vivere con un marito altrettanto 'workaholic'). Inizio anche la scuola serale di inglese: tre anni di duro lavoro al Morley College, Westminster College e Goldsmith College, dove arrivo a conseguire un 'proficiency' in 'English language and literature' dopo circa una quindicina di esami (ancora oggi mi chiedo perché ho fatto tutti quegli esami! Ma in realtà mi sono serviti). Intanto, a Londra conosco tantissime persone: tanti italiani, alcuni dei quali sono ancora amici molto cari, e tanti inglesi, scozzesi, americani, asiatici, africani, australiani eccetera. Inizio ad amare questa città in maniera appassionata e a pensare che la mia vita si svolgerà qui, e che molto probabilmente non tornerò in Italia".

Bene, una piccola dottoressa calabrese ha conseguito un dottorato a Londra: ma per arrivare al posto di lavoro vero e proprio, come si fa? "Te lo dico subito. Quattro anni di PhD volano e a quel punto mi ritrovo a dover scegliere cosa fare: la situazione familiare è delicata, mio marito ha un posto di ricercatore all'università di Tor Vergata e vorrebbe nel medio-lungo termine rientrare in Italia. Io sono sempre più innamorata di Londra e del mio lavoro. Comincio a guardarmi un po' intorno e scopro che il prestigioso St Bartholomew's Hospital – il Barts, come lo chiamano qui – cerca un ricercatore in Anatomia patologica e Istopatologia. Senza neanche sapere in che cosa consistessero i 'concorsi' in ospedale nel Regno Unito, faccio una telefonata. Mi viene mandato per posta un modulo da compilare e da restituire insieme al mio curriculum. Dopo una settimana mi telefonano, il mio cv è piaciuto: 'Dr Calaminici, would you like to come to Barts tomorrow for an interview?'. Panico. Tomorrow? Senza il tempo per prepararsi almeno un po'? Ma naturalmente rispondo: 'Yes! Of course!'".

E così inizi a fare l'investigatrice. "Inizio a lavorare in diagnostica clinica. La ricerca e il laboratorio mi mancano un po', ma adoro il mio lavoro di patologo e dopo vent'anni al Barts il piacere e l'entusiasmo sono gli stessi di quando ho iniziato: sono perdutamente innamorata del mio lavoro e, lo ripeto, di questa città che mi ha dato davvero tanto. Da allora divento ricercatore senior, dirigente medico nel 1999 e professore associato di Ematopatologia nel 2013, insomma faccio carriera. Nel frattempo, due tappe di vita fondamentali. Nel 1997 nasce Martha, la mia primogenita. La vita cambia totalmente, tutto diventa più difficile. Inizia una nuova dimensione: quella dell'acrobata! Inevitabilmente, il lavoro interferisce quando sto con la figlia e la figlia interferisce quando sono al lavoro. Caos totale, ma sopravvivo. E nel 2001, come se lo tsunami provocato dalla prima non fosse stato abbastanza, ecco la mia seconda figlia, Christina. Lì le cose si complicano ulteriormente. La mia vita al di fuori del lavoro è totalmente nelle mani delle nanny (ne ho avute una decina in quindici anni) delle nazionalità più disparate: filippine, inglesi, polacche, jugoslave, rumene, brasiliane. Le bambine parlano un po' di tutto: italiano con i genitori, inglese a scuola, e un po' di rumeno, portoghese, slovacco con le nanny; nessuna delle nanny parla un inglese decente, ma tutte hanno la patente di guida, requisito essenziale per sostituire la mamma nelle molteplici attività scolastiche ed extrascolastiche. La mia vita di madre con un lavoro full-time è totalmente dominata da queste donne/ragazze che passano con le mie figlie più tempo di me e l'incubo delle mie notti insonni diventa l'inevitabile telefonata della nanny di turno che annuncia 'I am sorry, I am leaving you', come puntualmente accade dopo 18-20 mesi. Ma nonostante i sensi di colpa le figlie crescono e diventano perfette 'North Londoners': contente di essere italiane, amano il loro passaporto italiano – apparentemente perché è 'cool' –, ma non sono più così entusiaste di tornare in Calabria per le vacanze come quando erano bambine!".

La piccola dottoressa calabrese è anche modesta: non dice che in pratica oggi ha il posto di un primario, che svolge anche compiti accademici seguendo dottorandi e specializzandi, che scrive articoli per le riviste scientifiche e partecipa a convegni di patologia in mezzo mondo. E allora, le chiedo come ultima domanda, Londra per te ha funzionato bene? "Se mi guardo allo specchio oggi vedo una donna di mezza età (!) con due teenager per casa che continuano a ridere quando dico 'salmon' invece di 'samon' o 'alcol' invece di 'alcohol'. Vedo una madre che potrebbe essere accusata di essere troppo liberale, che parla tranquillamente di tutto con le proprie figlie cercando di non sconvolgersi troppo, e che tenta per quanto possibile di inserire nei loro discorsi elementi di 'moralità', 'buone maniere' e 'calabresità'. Quanto a me, dopo venticinque anni amo ancora questa città come se fosse il primo giorno. Tanti pericoli e svantaggi nel crescere le mie bambine in una gigantopoli cosmopolita, ma anche tanti vantaggi: 'open mind', nessun pregiudizio di razza, condizione sociale e orientamento sessuale. Abbiamo assistito a matrimoni gay – per qualche strano motivo i miei colleghi più cari sono omosessuali – e tra gli amici delle mie figlie c'è chi ha un papà e una mamma o due papà o due mamme. Everyone is welcome and everything is possible! This is London per me... I rischi sono tanti, staremo a vedere, ma sono contenta di dove mi trovo e non ho ancora finito: mi piacerebbe avere tante cose appassionanti ed entusiasmanti da raccontare anche per i prossimi venticinque anni!".

13.

Medici import-export

Un bel giorno, il Regno Unito si è accorto di non avere abbastanza medici. Ha fatto due conti e ha pensato che fosse più conveniente importarli anziché fare in casa tutti quelli che mancavano. E uno dei posti da cui ha cominciato a importarli è proprio l'Italia. L'equazione è semplice: da noi tanti medici sono sottoccupati e sottopagati, in Inghilterra hanno piena occupazione e ottimo stipendio. Anche per questo, a parte quelli arrivati di loro iniziativa, negli ultimi anni si è sviluppato un vero e proprio import-export: noi esportiamo medici a Londra, loro li importano. E lo stesso accade per gli infermieri (dall'Italia ne arrivano trecento all'anno). Ecco perché oggi in Gran Bretagna ci sono più di tremila medici italiani, buona parte dei quali lavorano nella capitale. Sono così tanti da aver formato un'associazione che li rappresenta, l'Italian Medical Society of Great Britain, il cui presidente è Lucio Fumi.

Lucio vive in questo paese da ventidue anni. Come ci è arrivato? "Prendendo le cose alle lontana: liceo classico a Trieste, laurea in Medicina, ma anche corsi serali di lingua e letteratura inglese. Mio padre, medico anche lui, aveva lavorato con il governo alleato nel dopoguerra, come medico del campo profughi di Trieste, e quindi parlava l'inglese... una lingua presente in famiglia per tutta la mia infanzia e la mia giovinezza. Ai corsi di inglese ho conosciuto un'insegnante che poi sarebbe diventata mia moglie. Insomma, era destino".

E il destino come l'ha portata fino a qui? "Un giorno, un amico mi suggerisce di presentarmi a un concorso per lavorare nell'industria farmaceutica come assistente direttore medico. Dice: 'Tu parli inglese, ti piace viaggiare, approfittane... vedrai, fuori dall'Italia si respira un'altra aria'. Pensavo a un'esperienza di sei mesi, e invece ci sono rimasto tutta la vita. Il medico d'industria è sempre e prima di tutto un medico: pochi sanno cosa fa, ma la professione è molto più strutturata e riconosciuta in Gran Bretagna, dove il *pharmaceutical physician* ha una scuola di specialità e un albo professionale. Nel 1992 mi propongono una posizione in Inghilterra e non ho dubbi, così partiamo".

Per spiegare cos'è l'Inghilterra rispetto all'Italia, il dottor Fumi racconta la seguente storia: "Dopo sei mesi che sei residente qui, devi cambiare la patente. Come ho fatto? Ho telefonato all'ufficio centrale delle patenti, dando nome e indirizzo. Due giorni dopo arriva per posta una busta con moduli da compilare. Compilo, firmo, imbuco con un assegno da venti sterline e la patente italiana. Quattro giorni dopo arriva, sempre per posta, la patente inglese. Ogni singolo passaggio di questo semplice processo sarebbe stato impensabile in Italia. I moduli che ti arrivano a casa dopo una telefonata? Mettere un assegno in una busta e mandarla per posta? Meno di una settimana per avere la patente inglese? Insomma, forse in Inghilterra piove più che in Italia, ma queste piccole cose ti danno una qualità della vita impensabile altrove". Confermo: quando ho dovuto cambiare la mia patente italiana, ho seguito lo stesso processo, pensavo di non rivederla mai più e di non ricevere mai quella inglese, invece è andato tutto alla perfezione.

Le piace Londra? "Non è la città più bella del mondo: se parliamo di bellezza, preferisco Parigi, Roma o Istanbul. E poi è troppo grande, disomogenea, discontinua... Ma Londra è un mondo in cui trovi tutto, il brutto e il bello, i turisti spagnoli col Barbour in agosto, le biciclette che passano col rosso, ma anche angoli deliziosi, ristoranti fenomenali, negozi fantastici. E poi il Tamigi, che quando la marea sale scorre al contrario... come un po' tutto in questo paese". Il dottor Fumi non vive la Londra degli italiani. "Quella è una città nella città, che mi fa un po' tristezza. Italiani sposati con italiani che vedono solo italiani: perché non restano in Italia? Il bello di essere qui, per noi, è lo scambio culturale, linguistico, emotivo. Imparare un modo di vivere, di lavorare, di essere cittadino, diverso e più maturo. Insegnare agli inglesi le cose che noi italiani facciamo meglio: lavarsi per esempio, per citare un luogo comune; o mangiar bene, bere bene; o moda, arte, estetica, la cultura generale. Prova a chiedere a un inglese se è nato prima Giulio Cesare o Napoleone, e prima di risponderti ci penserà. Però, poi, quello che sanno lo sanno molto bene".

Meglio il nostro sistema sanitario pubblico o il loro? "La differenza più spettacolare fra i due sta nella contraddizione fra l'eccellenza assoluta degli istituti di ricerca britannici e la catastrofica situazione della medicina di base. A chi non è capitato di essere pesato con scarpe e cappotto da un General Practitioner volonteroso? O di aspettare sei ore in un pronto soccorso, dove, insieme al vecchietto con la febbre, che non riesce a trovare il suo medico di base, ci sono gli ubriachi accoltellati e quelli che hanno avuto un incidente stradale? Tutti che aspettano diligentemente, seduti per ore su quelle sedie di plastica... e se sei arrivato troppo tardi, aspetti in piedi. Però poi hanno i migliori chirurghi del mondo". Come il Tamigi, un mondo che va alla rovescia rispetto a quello che ti aspetti.

Tra i medici italiani "importati" a Londra c'è anche Bruno Amendola, per anni il mio medico di famiglia. L'ho conosciuto una notte che mio figlio aveva la febbre a quaranta e non sapevo che fare: portarlo al pronto soccorso (magari rischiando, come notava il dottor Fumi, un'attesa di ore)? Aspettare il giorno dopo? Nel dubbio avevo chiamato Doctors Call, una delle agenzie private che ti mandano visite a domicilio per cento sterline, ventiquattr'ore su ventiquattro, 365 giorni l'anno. E così mi è entrato in casa questo giovane medico italiano, siamo diventati amici e da allora, quando ho bisogno, invece di Doctors Call chiamo lui. "A Londra il lavoro non mi è mai mancato", racconta. "Dopo la laurea alla Sapienza di Roma, nel 1997 sono venuto qui e ho cominciato subito a lavorare come medico di base in agenzie che mi mandavano a fare sostituzioni negli ambulatori del National Health Service, il servizio sanitario nazionale. I primi mesi non capivo niente, non conoscevo neanche i nomi delle medicine in inglese... tra un paziente e l'altro, andavo alla toilette a consultare un librone per capire cosa prescrivere ai malati. Poi ho cominciato a lavorare per compagnie private, come appunto Doctors Call, per le visite a domicilio a qualsiasi ora: un lavoro duro, ma in fondo ben retribuito. Mi è capitato di tutto: visite ad attrici, cantanti, sceicchi, ma poi anche visite nelle celle dei tribunali e perfino nelle basi della Raf, l'aviazione militare, e in una prigione. Quando mi sono stancato ho preso una specializzazione in chirurgia estetica: a Londra è un business formidabile, e infatti sono stato subito preso dall'Harley Medical Group, la miglior clinica privata del Regno, nella leggendaria Harley Street, da secoli la strada degli ambulatori medici privati. Per tre anni ho iniettato botox a migliaia di pazienti. Adesso ho aperto uno studio online di servizi di chirurgia estetica insieme a un collega: quando abbiamo bisogno affittiamo una sala operatoria a ore per i nostri pazienti". Ed è talmente bravo che l'edizione inglese della rivista "Marie Claire" lo ha ribattezzato "the king of Botox", il re delle iniezioni al botulino con cui fa scomparire le rughe.

Torneresti a fare il medico in Italia? "No, in Italia non tornerei mai, se non in vacanza e per vedere i genitori. Trovo l'Inghilterra un paese più serio del nostro, dove si va avanti più velocemente e chi lavora sodo viene premiato. In Italia, probabilmente sarei ancora alla Sapienza a portare il caffè a qualche primario. Sono molto contento di far crescere mia figlia qui: ho una famiglia multietnica perché mia moglie è una giapponese cresciuta in Brasile... Londra è il posto giusto per noi. Ogni tanto sento la mancanza del sole e del clima mediterraneo, il mio sogno è di aprire un giorno una clinica di chirurgia estetica a Ibiza. Ma per ora la mia vita è qui, tra pazienti arabi, cinesi, spagnoli, italiani, russi".

A Londra puoi trovare chirurghi estetici italiani, così come dentisti italiani, e qualsiasi altro specialista italiano. Non potevano mancare gli psicoanalisti. Rosa Pastena si è trasferita qui trentenne, terminato il training da psicoterapeuta a Roma, attirata dall'amore per l'Inghilterra ma anche spinta dal timore di non trovare sbocchi professionali nel nostro paese. All'inizio fa tutti i mestieri, anche la commessa in un negozio di scarpe, mentre migliora la conoscenza dell'inglese. Poi presenta il suo curriculum al Nhs, il servizio sanitario nazionale, per un posto da psicologa e lo ottiene subito. "Mi ritengo fortunata. In Italia non diventi senior prima della pensione, qui ti trattano da professionista anche se sei giovane. Amo il mio lavoro per il servizio sanitario pubblico, mi sento rispettata e stimata. E poi qui le raccomandazioni non contano, qui si entra nel Nhs con un'application online e un colloquio: se conosci qualcuno all'interno dell'ospedale devi dichiararlo, altrimenti va a tuo discapito".

Sul suo lettino di psicoanalista si stendono anche i connazionali: di che problemi o disturbi soffriamo, se si può azzardare una diagnosi "ricorrente"? "Uno dei problemi è integrarsi: non è così semplice come si pensa all'inizio. La lingua costituisce senza dubbio una barriera, anche chi la parla decentemente fa fatica a capire tutto e ad avere relazioni approfondite con gli inglesi. Un'altra difficoltà è il gap culturale: diverse abitudini e diversa mentalità. E una conseguenza è la tendenza a isolarsi. Infine, per molti c'è la mancanza della famiglia, anche se alcuni stanno meglio qui perché si sono lasciati alle spalle, in Italia, il problema opposto, ovvero la presenza eccessiva e assillante dei familiari".

Qualcuno viene a Londra anche per questo.

14.

Solicitors & barristers

Per un medico italiano, venire a lavorare a Londra non significa dover reimparare tutto da capo: il corpo umano è lo stesso a tutte le latitudini. Per un avvocato, la faccenda è più complicata. È diversa la legge, per cominciare: ogni paese ha la propria. Ed è differente perfino la natura stessa del mestiere: in inglese, gli avvocati si suddividono in *solicitors* e *barristers*. I primi preparano i casi e danno consigli ai clienti svolgendo il lavoro necessario fino a prima dell'udienza. I secondi rappresentano i clienti in tribunale. Sono due strade parallele ma lontanissime fra loro e si separano fin dall'inizio della carriera legale. Dovrebbe bastare a tenere gli avvocati italiani in Italia, o quantomeno lontani dall'Inghilterra: invece anche loro emigrano in massa a Londra, sempre più numerosi. Danno un esame per equiparare il loro titolo a quello di *solicitor*. Alcuni, una minoranza (ci sono molti meno *barristers* che *solicitors*), invece studiano da *barrister*. Gli uni e gli altri diventano insomma avvocati inglesi.

Rocco Franco è un *solicitor*, fondatore e uno dei senior partner di una "boutique law firm". Ricordo il party di inaugurazione del suo nuovo studio: in una magnifica chiesetta romanica – non sconsacrata, bensì sacra e attiva, ma che tra una funzione e l'altra offre i propri spazi a pagamento (anche le chiese cercano di far soldi a Londra). L'avvocato Franco l'aveva scelta non per vocazione religiosa ma perché era proprio davanti al nuovo studio, una "boutique" come si dice in gergo, cioè un piccolo ufficio di avvocati specializzati e di qualità: sei partner – o soci, come diremmo noi –, in tutto una ventina di persone fra associati, praticanti, assistenti, segretarie, in una deliziosa stradina a due passi dalla City. La sua specialità: rappresentare clienti italiani che vivono o che fanno affari e investimenti in Inghilterra. Si può dire che è l'avvocato degli italiani di Londra, o almeno uno dei legali che meglio li rappresentano e ne difendono i diritti.

Rocco è un self-made lawyer, un avvocato che si è fatto da sé all'ombra del Big Ben. Laurea in Legge a Salerno. Sensazione che la provincia gli andasse stretta: "Per quanto bella e ovattata, sentivo il bisogno di orizzonti più ampi". Così, nel 1990, viene a Londra a fare un master in International Business Law. Dorme in uno squallido studentato, dove fa il barista per arrotondare. Quando ottiene il diploma, manda il curriculum a centocinquanta studi legali: "Dieci mi hanno invitato al primo colloquio, sette al secondo, tre mi hanno offerto uno stage... e uno mi ha assunto, uno studio di avvocati ebrei che cercava proprio un italiano e dove ho imparato moltissimo". Ci rimane fino al 1997, poi si mette in proprio insieme a un avvocato inglese di origine italiana, Dominick Pini, di una decina d'anni più vecchio di lui. Cominciano in quattro in due stanzette, crescono, puntano su una clientela in espansione: gli italiani che vengono a Londra per aprire una società, commerciare, comprare casa. L'ufficio, che inizialmente è su un piano, si ingrandisce fino a occuparne tre. Infine arriva il trasferimento in una sede ancora più grande, centrale e prestigiosa: quella inaugurata con il party nella chiesetta.

"Sono partito da zero e sono orgoglioso di quello che ho realizzato", mi dice Rocco. "Ho conosciuto l'Italia meglio da qui che restandoci: dagli artisti agli artigiani, dai banchieri agli imprenditori, dai commercianti ai ristoratori, da chi vuole comprare casa a Londra, dal nostro ufficio passano tutti...". Che cosa è stato più difficile? "Adeguarsi al modo di pensare e di comunicare degli inglesi, anche in campo legale. Se ti dicono 'I can see your point', oppure 'That's an interesting point', devi capire che non è un complimento, devi aspettarti subito dopo un 'but', un 'ma', in arrivo, significa il contrario di quello che sembra. Vuol dire: 'Capisco il suo interessante punto di vista, ma sono di parere totalmente diverso'. In pratica significa: 'Ha detto una stupidaggine, io la vedo in tutt'altra maniera'. Ma col tempo si prendono le misure. E un'altra cosa da imparare: mai lasciarsi andare a scatti d'ira, mai perdere il controllo o alzare la voce".

Rocco è stato il rappresentante di Giustizia e Libertà a Londra, ha aiutato a organizzare le prime primarie dell'Ulivo tra gli italiani della capitale, nel tempo libero fa regate dall'Isola di Wight all'Irlanda e ritorno, con gli amici: non per nulla è nato a due passi da una Repubblica marinara. È stato presidente della British Italian Law Association, l'associazione che riunisce gli avvocati italiani di Londra. Cosa pensa di questa città? "Londra è fantastica. Ti dà la possibilità di metterti sempre in discussione, la tua formazione culturale viene arricchita di continuo, c'è una genuina multietnicità in ogni strato sociale e, quali che siano i tuoi interessi, qui puoi coltivarli". Confida di ricevere dieci richieste alla settimana di giovani avvocati italiani che vorrebbero fare il praticantato nel suo studio. "Trovare lavoro è diventato più difficile perché è cresciuta la concorrenza. Ma se insisti, come ho fatto io, credo che sia ancora possibile riuscirci. Il mio consiglio ai giovani avvocati che desiderano trasferirsi a Londra è recepire l'innovazione della nostra professione, non fermarsi mai, non rimanere indietro nell'evoluzione sempre più rapida di questo mestiere".

Anche Giovanna Fiorentino è un *solicitor*. Ma mentre Rocco guida uno studio dedicato al diritto civile, Giovanna lavora in un grande studio penalista. La sede è ad Hammersmith. L'atmosfera è quella di una caotica stazione in cui c'è sempre gente che viene e gente che va – o forse di un commissariato di polizia. "Sono arrivata a Londra nel 1997 per un'esperienza di lavoro di una settimana, ma in valigia avevo roba per un anno", ricorda. "In cuor mio avevo già deciso che mi sarei fermata, Roma mi andava stretta. Ho trovato lavoro in questo studio di penalisti e mi sono subito appassionata. Mi sono sempre rispecchiata nella vita degli ultimi, per qualche motivo ho sempre sentito che si diventa 'ultimi' per circostanze fortuite. Era così una volta ed è così ancora oggi".

E lei degli ultimi è l'avvocato difensore: ladruncoli, prostitute, mendicanti, gente che viene arrestata per ubriachezza, per rissa, o anche per reati più gravi. "Londra è diventata più dura nei confronti del diverso, che sia un criminale o uno straniero. Vent'anni fa, quando sono arrivata, c'era più comprensione. La gente aveva un animo più gentile". Forse è l'effetto dei soldi: il dio denaro che fa girare la metropoli, oggi ancora più di ieri. Anche per questo l'Italia, nonostante tutto, le è rimasta nel cuore. "L'umanità degli italiani e la bellezza del mio paese non potranno mai essere soppiantate dall'efficienza e dalla competenza degli inglesi. A Londra mi manca l'immediatezza dell'italianità e il gran cuore che sembra quasi un ingrediente della nostra dieta quotidiana".

Fabio Vitiello invece è un *barrister*. "Sono stato subito attratto da questa professione: richiede un'elevatissima qualità dell'arte forense, o *advocacy* come qui viene chiamata, oltre alla capacità di analizzare fino in fondo i casi di cui ci si occupa e che si presentano davanti alle Corti, e all'abilità nell'esaminare e controesaminare i testimoni, nell'affrontare con prontezza situazioni inaspettate – la procedura legale inglese è molto più rapida di quella italiana e i rinvii sono l'eccezione anziché la regola – e nel presentare i propri argomenti in maniera chiara, senza inutili ampollosità, retorica o sfoggi di cultura, per convincere il giudice o la giuria. Inoltre ero, e sono ancora, affascinato dalle tradizioni dell'English Bar".

Attenzione, non sta parlando di un pub, niente di simile: il "Bar" è la professione legale nel suo insieme, termine che deriva dalla sbarra che in certe aule di tribunale divideva la parte di servizio o di lavoro, dove appunto si muovono giudici e avvocati, da quella riservata al pubblico. "Sì, mi piacciono l'abito di Corte, con toga e parrucca, le cene nelle Inns of Court, il fatto che i *barristers* si riferiscono ai loro avversari in Corte col termine 'my learned friend', il mio erudito amico, e non si stringono mai la mano (il perché rimane un mistero per me). Ma ancora di più apprezzo le regole professionali e deontologiche: sotto certi aspetti, il Bar è davvero molto diverso dalle professioni legali in altri paesi. Anche se rappresenta il suo cliente (o la pubblica accusa), il *barrister* ha principalmente un obbligo verso la Corte e l'amministrazione della giustizia, ed è per questo che una nostra regola fondamentale è che il *barrister* non può mentire alla Corte. Vallo a spiegare ai colleghi di altri paesi...".

Fabio ha fatto il corso per diventare *barrister* in un'apposita scuola regolata dall'ordine professionale, la Inns of Court School of Law, in sostanza un corso di procedura con aspetti estremamente pratici. Conseguito il titolo, la ricerca del lavoro non è stata facile: "Mi trovavo a competere con neo-*barristers* di madrelingua inglese, spesso provenienti da Oxford e Cambridge, e il fatto di essere straniero era visto con malcelato scetticismo". Il *barrister* infatti deve prendere la parola in aula e dunque parlare un inglese perfettamente comprensibile, possibilmente senza accento straniero: ma Vitiello ha preso lezioni di lingua, e ha imparato anche questo. Lo assumono prima in uno studio che si occupa di diritto commerciale, quindi passa "dall'altra parte", diventando un *Crown Prosecutor*, un pubblico accusatore – qui è possibile –, e passa a occuparsi di diritto penale.

"Mi avevano assegnato al dipartimento che si occupava di due dei quartieri più popolosi e col più alto numero di crimini di Londra. Per i seguenti cinque anni mi sono occupato di reati di ogni tipo, dai furtarelli nei negozi fino a casi di omicidio. Poi ho deciso di ritornare alla libera professione, entrando in una Chamber, ossia in uno studio privato di *barristers*". La sede è alle Inns of Court, uno dei più antichi quartieri di Londra e uno dei pochi non ancora toccati dalla globalizzazione: sembra di entrare in un mondo a parte, quasi in una cittadella universitaria, con vecchi edifici, giardini privati, mense dove gli avvocati pranzano tutti insieme a lunghi tavoloni. E cosa vede nel suo futuro? "That is the question", risponde Fabio citando Shakespeare.

E poi a Londra ci sono tanti italiani diventati avvocati mancati: hanno la laurea in Legge, spesso anche la qualifica di avvocato nel nostro paese (alcuni anche quella di *solicitor*), ma non esercitano. Si occupano di altro. Come Silvia Imperadori, manager di una grande *charity* – un'associazione di beneficenza – dopo aver girato mezzo mondo, da Dublino all'Africa, all'India, ad aprire uffici per aziende italiane. O come Anna, che racconta la sua storia così: "Era l'estate 2002, avevo finito il primo anno di praticantato e mi ero appena lasciata con il mio ragazzo. Ogni angolo di Trieste mi suscitava ricordi tristi e volevo andarmene via, cambiare aria. Così, spinta dal desiderio di fuga, mi ero messa a cercare lavoro su monster.com, visto che allora non sapevo nemmeno che esistesse LinkedIn. Parole chiave della ricerca: 'italiano destinazione Londra'. Salta fuori un lavoro come centralinista, per una famosa catena americana di hotel: hanno bisogno di qualcuno che parli l'italiano. Perché no?, penso, e gli mando un'application via mail. Da brava austroungarica, ho sempre studiato solo il tedesco, ma spero che in fondo l'italiano gli interessi più dell'inglese, e l'inglese comunque avrò occasione di migliorarlo. Mi rispondono in fretta, mi fanno un'intervista telefonica e mi offrono il lavoro senza avermi mai incontrato, compreso l'alloggio per i primi tre mesi in cui avrei ricevuto la formazione necessaria. Non ci posso credere, e ancor meno i miei genitori che pensano sia una truffa – quando mai ti succede che ti assumono solo sulla base di un colloquio telefonico e ti sistemano pure in un residence, gratis, nel cuore di South Kensington?".

E tu, da quasi avvocato, hai accettato di fare la centralinista? "Sì. In barba al mio 110 e lode in Giurisprudenza – e alla *diminutio capitis* che un lavoro del genere rappresentava agli occhi di amici e familiari –, faccio le valigie e parto, rassicurando tutti che avrei continuato il praticantato anche nel secondo e ultimo anno, e che sarei tornata a Trieste per tutte le trenta udienze obbligatorie a semestre. Ed è così che metto piede a Londra, in un minuscolo ma splendido studio flat a Somerset Roland Gardens, 121 Old Brompton Road, SW7 3RX. What a postcode!, avrei realizzato in seguito. L'ufficio era di fronte alla stazione di Knightsbridge, a Bowater House, che non esiste più da quando al suo posto hanno costruito One Hyde Park, il condominio più costoso di Londra... proprio a fianco del Mandarin Oriental, un albergo di super lusso. Con Londra è stato amore a prima vista. Mi ha aperto le porte dandomi un lavoro senza bisogno di referenze o di essere figlia di qualcuno: mi ha offerto sì un ruolo umile e pagato poco, ma senza pregiudizi sulla base dei miei studi o della mia provenienza, che a dire il vero non c'entravano un bel niente con il mondo degli hotel e del customer service. Per la prima volta nella mia vita, mi avvicinavo a un mondo dove, se sei bravo e hai voglia di fare, ti viene data un'opportunità: poi sta a te fare il passo successivo".

E come te la sei cavata come centralinista? "Bene. Così bene che, dopo i primi mesi di training e dopo aver imparato il mestiere, l'azienda sposta il call centre in Irlanda per risparmiare sui costi. Così nel 2003 mi trasferisco a Cork, dove vivo per quasi un anno. Nel frattempo volo avanti e indietro da Trieste, uso le ferie per fare le udienze e, in dicembre, per la sessione scritta dell'esame di avvocato. Nel gennaio 2004, però, mi stufo della pioggia irlandese e faccio domanda per un lavoro da manager: sempre all'interno della stessa azienda, ma basato di nuovo a Londra, in un hotel di Mayfair". Scommetto che te lo danno. "Sì! Ma, per causa mia, non per molto. Rientro a Londra e conosco un ragazzo italiano che lavora per la British Airways. Di lì a pochi mesi gli offrono di trasferirsi per due anni a Buenos Aires e io decido di seguirlo in Argentina. Nel frattempo, la Corte d'Appello mi avvisa che ho superato l'esame scritto da avvocato e che ho l'orale a giugno. Mi faccio spedire i libri dall'Italia e volo da Buenos Aires a Trieste, dove supero anche l'orale. Con il titolo in mano, lavoro per due anni come avvocato a Buenos Aires in un grande studio internazionale, dove fra le altre cose imparo anche lo spagnolo". Finalmente facevi quel che volevi ed eri felice. "Non per molto, anche lì. In crisi sentimentale – come ciclicamente mi accade –, dopo due anni in Argentina, nel 2006 rientro a Londra, e a Londra a quel punto sono rimasta fedele. Negli ultimi otto anni londinesi ho cambiato diversi lavori, passando da uno studio legale italiano a uno inglese, a un'azienda giapponese e infine a un'azienda americana dove lavoro tuttora da ormai più di quattro anni. E ho cambiato anche diverse case, da Chelsea a Limehouse, a Belsize Park, a Hampstead e a West Hampstead. Quanto ai fidanzati... questa è materia per un altro libro!".

Almeno non sei andata in crisi sentimentale con Londra. "No, è vero. Nonostante alcuni lati negativi, continuo ad amarla come quando ci sono arrivata, se non di più. Londra è una fonte inesauribile di spunti e opportunità per crescere e nutrirsi, grazie all'enorme diversità dei suoi abitanti e delle mille culture che coesistono, portando sapori, musiche e colori da tutto il mondo. Per uno spirito curioso, non c'è fine alla lista di eventi, corsi, spettacoli, concerti e cose da fare. E come mi piace il lato frizzante della città, così mi piace il lato riservato. A Londra ce n'è per tutti i gusti, per chi vuole stare nella folla e per chi preferisce starsene da solo a leggere un libro sotto un albero del parco, indisturbato".

Cosa ti senti adesso? "Più che italiana o inglese, mi sento cittadina del mondo. Ho preso la cittadinanza britannica e credo che le due cose possano convivere, perché non trovo giusto rinnegare le proprie origini... anzi, personalmente ne vado fiera. L'Italia è sempre nel mio cuore e forse un giorno ci tornerò, ma non è un posto dove tornare finché ancora si lavora: è un posto dove tornare in vacanza, o a trascorrere la vecchiaia. Fino a quel giorno, mi godo Londra e il resto del mondo".

15.
Il ragazzo prodigio del "Financial Times"

Un giorno di qualche anno fa ricevo un commento da uno studente italiano di Oxford al mio blog sulla homepage di "Repubblica.it". Un commento intelligente, così intelligente che gli chiedo di mandarmi un contributo più lungo e poi lo pubblico per intero. Mi viene la curiosità di conoscerlo, quello studente, così lo invito a passare a trovarmi in redazione – o meglio, tra la camera da letto e il soggiorno: la maggior parte dei corrispondenti italiani lavorano da casa, perché al giornale costerebbe troppo affittare anche un ufficio – la prima volta che gli capita di venire a Londra. Viene, gli offro un caffè e dopo una mezz'ora di chiacchiere non lo trovo più intelligente, bensì straordinariamente intelligente. A Oxford si è laureato, con il massimo dei voti e la menzione d'onore, ha preso un master e ora sta conseguendo un dottorato in Economia. Con quelle credenziali, potrebbe entrare in una banca della City come analista e diventare rapidamente ricco, molto ricco. Gli domando se è quello che vuole. Risponde di no: il suo sogno è fare il giornalista. Commento che, da quel poco che ho letto e che mi ha detto di sé, sembra nato per farlo e mi riprometto di dargli una mano, convinto che un talento così non si incontra tutti i giorni e nemmeno tutti gli anni.

L'estate seguente riesco a organizzargli uno stage di due mesi alla redazione economica di "Repubblica", a Roma. Lo avverto di limitare le aspettative: so come funziona con gli stagisti estivi, fanno un lavoro duro, oscuro e generalmente anonimo. La cosiddetta gavetta dà però almeno un'idea di cosa sia il giornalismo: avrà le idee più chiare sulla professione. Inoltre, in cuor mio temo che, con il suo curriculum e un PhD in Economia a Oxford, ai veterani della redazione centrale sembri un saputello e che venga trattato di conseguenza. Devo ricredermi una seconda volta: non solo è straordinariamente intelligente, ma sa anche adattarsi straordinariamente bene in un ambiente non sempre facile come la redazione di un giornale. Merito suo o merito del fatto che è napoletano, non saprei: fatto sta che quell'estate a "Repubblica" non fa un lavoro oscuro, firma pezzi, talvolta anche in prima pagina, e con uno di questi vince addirittura un premio giornalistico. Tornato a Londra, chiedo a un amico inglese, pardon, scozzese, John Lloyd, editorialista del "Financial Times", collaboratore di "Repubblica" e direttore del Centro Studi di Oxford sul Giornalismo, se ha bisogno di un giovane che gli dia una mano. John ne aveva bisogno e da allora non ha più smesso di ringraziarmi: il giovane in questione, ovvero il napoletano straordinariamente intelligente di Oxford, non solo gli dà una mano ma finisce per scrivere insieme a lui un libro a quattro mani, pubblicato da Feltrinelli, sul giornalismo italiano. A quel punto, impressionato quanto me dalle qualità del ragazzo prodigio che il destino gli ha messo vicino, Lloyd gli consiglia uno stage al "Financial Times", che non è solo "il quotidiano della City", intesa come cittadella della finanza londinese, ma probabilmente anche il miglior quotidiano di informazione politico-economico-culturale d'Europa e, a mio modo di vedere, uno dei due migliori del mondo insieme al "New York Times"; insomma: il massimo traguardo nella carriera di un giornalista.

Ebbene, dopo tre mesi di stage il "Financial Times" assume il giovane stagista napoletano di Oxford e subito gli affida uno degli incarichi più delicati e prestigiosi: lo mette a scrivere gli editoriali non firmati che rappresentano il pensiero di Lionel Barber, il direttore. Dopo un anno e mezzo, nuovo incarico: caposervizio delle pagine di business. Dopo altri sei mesi, corrispondente economico a tutto campo, che significa inchieste, interviste, recensioni dei più importanti libri di economia, una rubrica di commenti con foto e un blog. Da allora, l'ormai ex napoletano di Oxford, diventato un napoletano-londinese, viene regolarmente invitato ai più importanti convegni in giro per l'Italia a dire il suo parere o a intervistare ospiti illustri come il presidente del Consiglio Matteo Renzi. Non sorprende, tenuto conto che quando Giorgio Napolitano, all'epoca presidente della Repubblica, è venuto in visita a Oxford è a lui che l'università ha chiesto di pronunciare il discorso di benvenuto.

Fra noi che conosciamo Ferdinando Giugliano, il napoletano prodigio alto e magro come un giocatore di volley, il dubbio è uno solo: se diventerà direttore di un giornale come Barber, primo ministro come Renzi o presidente della Repubblica come Napolitano, magari passando – come tappa intermedia – per il ruolo di governatore della Banca d'Italia o della Banca centrale europea (ha partecipato a un concorso per diventare economista dell'Ocse, l'organizzazione per la cooperazione e lo sviluppo europea: c'erano seimila candidati, ha vinto lui ma poi non ha accettato il posto – gli piace troppo, dice, fare il giornalista). Insomma, più che un capitolo, su di lui dovrei scrivere un libro: sì, proprio come sulla star dei tabloid Nancy Dell'Olio, con la differenza che in questo caso non è il soggetto del capitolo a chiederlo, sono io a pensarlo. E non mi sorprenderei se un giorno, quando sarà un po' più grande (a proposito: non ha neppure trent'anni), qualcuno il libro lo scriverà davvero. Da quando si è trasferito a Londra, Ferdinando abita in un appartamento vicino al British Museum insieme ad altri tre giovani prodigio come lui, un avvocato, un banchiere e un economista: con quello che costano le case nella capitale, anche i geni devono adattarsi alla convivenza.

Ma ragazzi prodigio si nasce o si diventa? Una sera lo invito a cena e mi faccio raccontare qualcosa di più della sua storia. "L'amore per il giornalismo dev'essere nato al liceo, quando lavoravo al giornalino della mia scuola, a Napoli. Ma non avevo ancora le idee chiare su cosa volevo fare. Ero il più bravo della classe in latino. A quel tempo mi piaceva così tanto che pensavo perfino a una carriera come latinista. Il prof di lettere mi stimolò a fare un concorso per una famosa scuola internazionale di Trieste in cui tutti i corsi si svolgono in inglese. Non so bene quale relazione vide tra il latino e l'inglese, ma la svolta per me fu quella". C'erano trenta posti all'anno e ottocento candidati: ma Ferdinando i concorsi tende a vincerli e vinse anche il primo. "Pur essendo figlio di un avvocato, non ho mai pensato di seguire le orme di mio padre. In quella scuola di Trieste continuai a studiare il latino, ma cominciò a piacermi anche un'altra materia: l'economia. Di nuovo, devo molto a un professore, un gallese che ci insegnava storia, e che un giorno mi disse in tono perentorio: 'Tu devi andare a Oxford'. Mandai un'application e iniziai il processo di ammissione".

Processo, come ho già descritto, laboriosissimo: servono voti eccellenti, lettere di raccomandazione ufficiale (diverse dalle raccomandazioni italiane: ci vuole una persona, possibilmente importante, che spieghi perché il candidato è una persona eccezionale), colloqui orali. Naturalmente, lo ammisero. E a Oxford ha preso la laurea, un master, il PhD. E poi? "E poi un giorno ho scritto una mail a Enrico Franceschini, un commento al suo blog, e lui dopo un po' mi fa: 'Cosa vuoi fare nella vita? Uno come te deve fare il giornalista', mi pubblica il commento, mi procura uno stage a 'Repubblica', mi presenta a John Lloyd e ora mi ritrovo al 'Financial Times'". Non certo per meriti di Enrico Franceschini. È che Ferdinando è un fuoriclasse, un ragazzo prodigio, un genio italiano: chiunque, incontrandolo, se ne rende rapidamente conto.

Gli chiedo cosa gli piace di Londra. "Mi piace che c'è il mondo intero. È un'esperienza che tutti dovrebbero fare, almeno per tre, quattro anni, è una città che ti arricchisce, ti apre la testa... è il posto più internazionale d'Europa, forse del globo. Poi è un posto dove, se vuoi fare qualcosa, qualunque cosa, hai l'opportunità di provarci: non è detto che tu ci riesca, ma puoi provare. Se in Europa esiste la terra delle opportunità, versione europea del sogno americano, è questa". E Oxford, com'era? Classista, snob, elitaria? "Sì, tutto questo. Ma lì c'è posto anche per un altro tipo di gente". E il "Financial Times" com'è? "Non conoscevo nessuno quando ci sono arrivato. Ho mandato un'application e mi hanno preso sulla base delle mie credenziali. Non so se è così che si entra in un giornale, in Italia". Non lo so neanch'io: sono all'estero da trent'anni e non ho mai lavorato in una redazione centrale in Italia, ma scommetto che, se l'application la mandasse lui, lo prenderebbero al volo come ha fatto il "Financial Times". "È anche vero che al 'Financial Times', come in genere in certi ambienti di Londra, fai più fatica a entrare se non sei inglese e non appartieni a una certa classe sociale, se non hai frequentato certe scuole. Il 'Financial Times' è un'istituzione molto inglese, come la Banca d'Inghilterra, con regole e formalismi inglesi. Ma, a dispetto di tutto questo, ci lavora gente di mezzo mondo... e del resto, oggi il governatore della Banca d'Inghilterra è canadese. Cosa vuol dire questo? Vuol dire che a Londra esiste un classismo che privilegia una parte della società, ma anche una meritocrazia che consente all'altra parte della società – e, più in generale, a qualunque persona di talento proveniente da qualunque parte del mondo – di accedere alle posizioni più importanti. In ogni modo, dopo tanti anni, un po' inglese, o almeno londinese, penso di esserlo diventato anch'io". Un anglo-napoletano? "Vengo da una famiglia borghese, non dai vicoli, però sono orgoglioso della mia napoletanità, oltre che molto attaccato alla mia famiglia e alle mie origini. Eppure, sento che Londra un po' mi ha 'snapoletanizzato'. Londra ti marchia, ti passa qualcosa del suo Dna, ti fa diventare un altro – anche se poi quando gioca il Napoli ridivento napoletanissimo, al cento per cento".

E cosa, invece, non ti piace di Londra? "È anche una città difficile. Tutte le grandi città lo sono, e questa è sterminata. Oltre che, notoriamente, molto cara. Ho un amico che lavora a Roma, alla Banca d'Italia: ha uno splendido appartamento con terrazza panoramica che costa di affitto come la mia stanza a Londra... la mia stanza, non il mio appartamento, e i miei coinquilini sono giovani di successo. Ma dovremmo guadagnare come dei superbanchieri per permetterci un appartamento come quello del mio amico a Roma. E poi a Londra sono sempre tutti impegnatissimi, per vedere qualcuno devi metterti d'accordo con settimane di anticipo... è complicato. Se scegli di rimanere qui, di mettere su famiglia, hai solo due strade: o fai un sacco di soldi, o vai a vivere nei sobborghi". E in Italia ci torneresti? "Mah... sì... forse. Amo molto il mio paese... ma amo anche Londra. Si vedrà".

16.

La fatina di Chelsea

In una casetta di una stradina del quartiere di Chelsea abita una fatina. Mi viene da iniziare così perché è quello che ho pensato arrivandoci davanti. La fatina evidentemente è italiana: sul cancello d'ingresso c'è un cartello, in italiano, che dice SUONARE LATO GIARDINO. Sarà per me, suppongo. Poi scoprirò che la fatina abita nella metà della casa che dà sul giardino, mentre suo figlio, con moglie e bambini, abita nell'altra metà. Casetta, in verità, è riduttivo: è una di quelle case che i londinesi potevano comprare trenta o quarant'anni fa in un quartiere come Chelsea anche senza ereditare una fortuna da uno zio d'America o vincere la lotteria, le due condizioni oggi necessarie a un acquisto simile – a meno di essere un banchiere o un calciatore di successo. Ma eccomi dunque al lato giardino. Sto per suonare, quando vengo raggiunto da due operai in salopette fosforescente e casco giallo. Anche loro, pur non capendo il messaggio in italiano sul cartello, sono diretti dalla fatina.

"Vedi cosa mi hanno combinato?", dice Gaia Servadio un attimo dopo che ho suonato il campanello. La fatina è lei. Veste come una fata, a strati di abiti colorati e sgargianti, come se li avesse messi su a caso sollevandoli da una pila accanto al letto, appena sveglia, eppure le stanno benissimo. Quello che le hanno combinato è il finimondo. La casetta sta crollando. Cadono i quadri dai chiodi. Si aprono crepe nelle pareti. Trema tutto. Colpa dell'emiro del Qatar, o della società di investimenti del suo paese che sta comprando un pezzo per volta tutta Londra e che, nello specifico, ha comprato per qualche miliardo di sterline Chelsea Barracks, la caserma in disuso proprio dietro la casa di Gaia, ha tirato giù tutto e adesso sta costruendo al suo posto appartamenti di lusso e uno shopping centre, in modo da diventare ancora più ricco. Ruspe e trivelle minacciano la casetta della fatina. La quale ha scritto lettere, fatto telefonate, minacciato articoli di giornale, e adesso ha in casa due operai del cantiere dell'emiro. Altri due ne arriveranno fra poco. Alla fine sono in sei, compresi un ingegnere e una segretaria: trattano Gaia con deferenza. "Vedi che in questo paese c'è ancora rispetto per una giornalista?", dice con una strizzata d'occhio.

Mentre loro ispezionano le crepe, lei mi fa vedere la casa, dove ero stato solo una volta, di sera, a cena, accompagnando la sua grande amica Inge Feltrinelli. È davvero come la casa della Fata Turchina, il colore predominante degli strati che Gaia indossa oggi: stanze che si aprono su altre stanze, scale, dislivelli, tappeti, vecchi cassettoni, librerie, libri, libri, libri, sculture, quadri, lampadari, pezzi di pane e piatti sporchi dimenticati qui e là, carrelli ingombri di bottiglie, vasi di fiori, tubetti di colori a olio, giornali, taccuini e fogli sparsi di appunti, appunti, appunti. Sul tavolo da cucina, mentre sul fuoco bollono tre o quattro pentole con il lunch che ha preparato per me, c'è un computer portatile con accanto altri appunti. È il materiale dell'ultimo libro che Gaia sta scrivendo: *I viaggi di Dio*, un reportage storico sulle città sull'Eufrate, crocicchio di religioni, dove lei naturalmente è stata più volte. E dov'è che non è stata? Dovreste leggere la sua bellissima autobiografia, *Raccogliamo le vele*, perché è lunga quattrocento pagine e non posso riassumerla in un capitolo per raccontarvi tutti i posti in cui è stata, tutte le persone famose che ha incontrato e quelle famosissime che ha fatto innamorare... Gaia, come qualcun altro degli italiani di Londra, non merita un capitolo ma un libro a parte. La sua autobiografia è stata recensita con entusiasmo dal "Times Literary Supplement", la rivista letteraria più raffinata d'Inghilterra, pur essendo uscita (per ora) soltanto in italiano – un onore rarissimo, giusto per dare una misura della considerazione di cui Gaia gode a Londra.

Oggi l'italiana più famosa in città sarà anche Nancy Dell'Olio, regina dei tabloid, ma ieri, di italiani famosi residenti a Londra, gli inglesi ne conoscevano soltanto una: Gaia Servadio. È stata dappertutto, dalla Siberia alle Americhe, dal Medio all'Estremo Oriente. Ha scritto e scrive per un sacco di giornali. Ha pubblicato una montagna di libri, dai romanzi alla saggistica, alcuni dei quali ora vengono ripubblicati e riscoperti come chicche letterarie. Ha avuto... be', magari non si dovrebbe dire, ma lo ha raccontato lei stessa nel suo libro: ha avuto molti uomini, inclusi – se non ho perso il conto – due mariti, tra cui l'attuale, uno splendido gentiluomo inglese. È stata una ragazza bellissima, una donna bellissima, ed è bellissima per conto mio anche ora che ha la casa piena di nipoti. È anche una cuoca straordinaria. Mi serve il lunch: zuppa di ceci, pesce al vapore, composta di frutta, vino rosso e acqua di rubinetto in caraffa di cristallo. Piatti sbeccati ma preziosi, posate d'argento, tovaglioli di carta e gli operai che vanno e vengono per rimediare alle crepe causate dall'emiro.

"A Londra sono arrivata da ragazza. È la mia città. È il posto dove ancora oggi incontro gente interessante. L'altro giorno sono andata al mio club e c'erano John le Carré e un'altra mezza dozzina di scrittori. Altrove non è la stessa cosa, né incontri la stessa gente, è tutto più noioso... L'Italia? A Roma francamente preferisco Milano, c'è più vita, ci sono più cose, non solo la politica come nella capitale. Sono stata in un salotto romano il mese scorso: soltanto politici. Che noia". Con lei, viceversa, non ci si annoia mai. Nel suo, di salotto, passa tutta la Londra che conta. In particolare, inglesi. Qualche italiano. Compresa la sua amica Inge, che l'ha appena invitata a fare i fanghi a Ischia per una settimana. Come è cambiata Londra, dalla Thatcher a Blair, a oggi? "Una volta c'erano l'aristocrazia e una vasta classe media, oggi mi pare che ci siano solo i ricchi e i poveri. Contano soltanto i soldi. Questo non mi piace". Non piace a molti di noi: eppure, siamo lo stesso tutti qui.

Cambiamo argomento, scegliendone uno che appassiona quanto e più dei soldi: avrebbe consigli da dare in amore? Ride. "Alla mia età!". Osservo che con lei ci si diverte troppo per ricordare quanti anni ha. "Un consiglio è conquistare gli uomini anche in cucina, non solo con la bellezza. A me piace cucinare". Concordo: dopo quel pranzo squisito sono già suo schiavo. Ed eccola estrarre due deliziosi cucchiaini da caffè da un cassetto dove sono mischiate quelle che mi sembrano almeno duecento posate di tutte le forme e dimensioni, e poi la zuccheriera da un profondo armadio dove sono impilate una miriade di tazze e tazzine in colonne e colonnine pericolanti. Gaia serve il liquido nero, bollente, in due tazzine spaiate. Poi mi porta a vedere il suo studio, in una specie di torretta. È come essere saliti sul pennone di una nave: un guscio pieno di ritagli, chiusi in faldoni, ciascuno con un'etichetta, ARTICOLI NON PUBBLICATI – ecco, lì dentro mi piacerebbe frugare –, IDEE, BELLEZZA, CONTRATTI, in una confusione così bella che sembra creata ad arte da un'arredatrice. Invece è realmente tutto alla rinfusa. Tornando giù, nella stiva della casa-nave, parliamo della Russia, dove è stata tante volte, e ci diciamo qualche parola nella lingua di Tolstoj. "Mi sentivo più a casa in Russia che in America", confessa. Anch'io.

Nel frattempo sono tornati l'ingegnere e gli operai a farle rapporto. Vogliono mostrarle il piano del restauro. La trattano con la deferenza che si riserva a una regina. O a una fatina. La lascio che distribuisce allegramente ordini. E loro le obbediscono felici.

17.
La mezzobusto degli arabi

Rubo una citazione al mio amico Beppe Severgnini, e per farmi perdonare gli assegno una menzione *ad honorem* come italiano di Londra, per averci vissuto da corrispondente del "Giornale" di Montanelli, per esserci tornato molte volte e per avere scritto il primo libro – oltre che uno dei migliori – sulla nuova Inghilterra, *Inglesi* (un grande best seller: se oggi ci sono tanti italiani a Londra, un po' della responsabilità è anche sua). La citazione è questa: "Barbara Serra ha una mamma siciliana, un papà sardo, un'infanzia danese, una formazione britannica e un lavoro arabo". Le parole di Beppe servono da introduzione al libro scritto da Barbara, *Gli italiani non sono pigri*. Per convincere i lettori che è proprio così, le basterebbe esibire sé stessa. Oggi è il volto dell'edizione in lingua inglese di Al Jazeera, "la Cnn del mondo arabo", ovvero la rete televisiva di informazioni ventiquattr'ore su ventiquattro che ha rivoluzionato le *news* del Medio Oriente. Con lei nei panni di *anchorwoman* – di mezzobusto, avremmo detto noi un tempo, insomma di conduttrice – del telegiornale che va in onda tutti i giorni da Londra, oltre che di autrice di reportage, commenti, interviste. Barbara, inoltre, collabora di tanto in tanto con programmi dei network televisivi italiani.

Cosa ci fa una giovane donna di madre siciliana e papà sardo nella tv degli arabi? Glielo domando incontrandola a Soho, il quartiere dove è cominciata la sua avventura londinese. "Abitavo qui da ragazza, a vent'anni, con un'amica, in un appartamentino che allora non costava niente: a farci compagnia c'erano due topi, li conoscevamo così bene che gli avevamo perfino dato un nome. Uscivamo tutte le sere, io e la mia amica, Soho era nostra, Londra era nostra, ci pareva che il mondo fosse nostro... anche se in realtà era ancora tutto da conquistare".

Legata alla Sardegna – dove è nata e dove va ancora in vacanza, a Carloforte, sull'isola di San Pietro, dove la portava da bambina il papà –, cresciuta in Danimarca per seguire la famiglia, Barbara ha appunto vent'anni quando spicca il balzo per Londra. Perché? "Una scelta fatta a tavolino. Stava per scoppiare Cool Britannia, il momento di trasformazione di Londra da capitale britannica, seppure imperiale, a capitale globale multietnica. A Downing Street arrivava Tony Blair, nell'aria si sentiva che stava per succedere qualcosa di nuovo e di grande, una specie di fervore da nuovi anni Sessanta, in cui tutto quello che era toccato da Londra, la canzone, il cinema, il fashion, il romanzo, il design, diventava di moda e dettava legge nel resto del mondo. In particolare, era il momento in cui tutti in Europa volevano venire qui. Cominciava una nuova, colossale ondata di emigrazione verso le rive del Tamigi. E volevo esserci anch'io, su quell'onda. Volevo essere dove c'è l'azione, in una grande metropoli brulicante di gente e di sfide".

Di sfide ne trova quante ne vuole: comincia alla Cnn, poi passa alla Bbc, quindi quando apre Al Jazeera viene assunta dal nuovo newtwork arabo. "Ho fatto tante esperienze, tanto lavoro, tante scelte. Tante offerte non raccolte, anche, per andare a New York o a Doha, in Qatar, nella redazione centrale di Al Jazeera... forse sarebbe stata proprio questa la decisione più intelligente da prendere per fare carriera, ma ho preferito rimanere qui perché sono troppo legata a Londra. È la mia città, mi sento italiana quando sono qui, straniera o differente quando sono in Italia: forse è il destino di tutti gli espatriati, ma è uno sdoppiamento di identità che in fondo mi sta bene. Certo non mi sento inglese, sebbene sia inglese il mio boyfriend. E nemmeno araba, anche se tanti, per l'enorme ignoranza che c'è nei confronti del mondo arabo, quando sento che lavoro ad Al Jazeera mi chiedono se sono per caso libanese o siriana. E la seconda domanda, sinonimo di un'ignoranza che sconfina nel pregiudizio, è se, per andare in onda, devo mettermi il velo. Ecco, sai cosa mi sento di essere? Mi sento londinese, che è una razza a parte".

Come ha fatto a diventare l'*anchorwoman* di una grande catena straniera? Barbara si schermisce, come se fosse successo per caso o senza un suo contributo, allora lo dico io: intelligenza, determinazione, preparazione. Non guasta che sia estremamente telegenica, ma non è certo il suo aspetto che l'ha fatta arrivare dov'è arrivata. "All'edizione inglese di Al Jazeera lavora gente di settanta nazionalità diverse, c'è grande professionalità e grande apertura mentale. Mi fa piacere sentirmi parte di una spinta a portare avanti il mondo arabo, una scommessa straordinariamente complessa e interessante. Lavorando qui ho scoperto che c'è tanta ignoranza, da parte degli occidentali, nei confronti degli arabi, e anche molta discriminazione... o, per essere più precisi, razzismo vero e proprio. La gente fa di tutta l'erba un fascio, non è in grado di distinguere".

È vero che gli italiani "non sono pigri", come sostiene nel suo libro? "Verissimo, non sono pigri. Sono, anzi siamo, un popolo fantastico. Ma abbiamo bisogno di un cambio di mentalità. Molti italiani arrivano qui senza sapere scrivere neanche un cv, me li mandano in italiano per fare uno stage ad Al Jazeera e sarei tentata di rispondere: non si pretende che sappiate l'arabo, ma l'inglese, per lavorare a Londra, almeno sì. Come pensano di poter essere presi sul serio? E poi devono imparare a mettere nelle loro lettere il *selling point*, a saper vendere quello che hanno di buono... se ce l'hanno. Non è marketing, è merito e chiarezza: così funziona Londra e a me sta bene, molto meglio dei sistemi di raccomandazioni e burocrazia all'italiana. Gli italiani, poi, hanno paura della competizione, ma non c'è niente di male a competere in una società meritocratica: se vieni qui devi avere qualcosa da offrire e sapere come offrirlo, tutto qui.

Io non conoscevo nessuno e ce l'ho fatta, lo stesso possono fare anche altri".

Tornerebbe in Italia? A fare tv? "Forse no, a fare tv sto meglio dove sono. Forse non mi dispiacerebbe fare politica, provare a cambiare il nostro paese, portare quello che ho imparato all'estero... ma sarei preoccupata per come funzionano le cose da noi. E comunque con Londra ho un legame così forte che non so se riuscirei più a spezzarlo". Ti piace proprio tutto di questa città? "Non mi piace la diseguaglianza, la crescente sperequazione economica. Il prezzo delle case in città sale del 20 per cento l'anno: in centro, sebbene il mio stipendio sia piuttosto buono, non potrei permettermi di acquistare nemmeno un appartamentino. Questo non è giusto, ma non so come si possa fermare il mercato, visto che da qualsiasi nazione vogliono venire a vivere qui. Perché oggi è Londra la vera capitale del mondo, molto più di New York, che resta comunque una città profondamente americana, anche se piena di stranieri... Londra invece non è più una città inglese, non è più degli inglesi: è la città di noi espatriati, italiani compresi".

18.

L'anchorwoman del business

Se vi capita di passare dall'aeroporto di Linate, o da qualsiasi altro aeroporto italiano, e di seguire sui monitor a circuito chiuso le ultime notizie economiche da Londra sulla Cnbc – rete economica della Nbc americana –, vedrete una giornalista che smista informazioni, dati, interviste, collegamenti, con la disinvoltura di un vigile urbano nel traffico di Roma. Il suo nome è Angela Antetomaso. È un'altra italiana decisamente "non pigra", per citare la sua collega Barbara Serra, che ha sfondato a Londra tra i media di lingua inglese – sebbene ora dal video parli in italiano.

"Ero ancora ragazzina quando sognavo di lasciare l'Italia e andare a vivere all'estero: in un paese anglofono possibilmente, ma non avevo ancora chiaro in mente dove", racconta Angela. "Mi sono poi innamorata di Londra al primo anno di università. Me la immaginavo come una grande città, ricca di vita ma senz'anima. Quando, prima di iniziare il corso di laurea in Lingue straniere, ho deciso di andare a migliorare l'inglese all'estero, ho scelto Edimburgo: sono andata direttamente in Scozia per sei mesi. L'anno successivo ho ripetuto lo stesso modello, senza passare per Londra: andare a Dublino e restare lì qualche mese, seguire corsi d'inglese di giorno e lavorare la sera per mettere in pratica quello che avevo imparato a lezione. L'aereo da Roma per Dublino faceva scalo a Londra: è bastato un piccolo ritardo per perdere la coincidenza per l'Irlanda e ho dovuto pernottare lì. Ho trovato un posto last minute per la notte insieme ad altri giovani italiani che a Londra erano già stati. Mi hanno convinto a uscire, quella sera, e solo allora ho avuto una prima fugace idea dell'atmosfera magica che Londra può riservare. Una passeggiata in una zona residenziale come South Kensington e King's Road, ed è scoccata la scintilla: dall'architettura dei palazzi al senso di sicurezza e libertà che ho provato. Quella sera ho deciso: sarei venuta a vivere a Londra. Dopo la laurea avrei trovato un lavoro come giornalista e sarei rimasta in questa fantastica città".

In realtà, prima c'era stata una lunga deviazione. Angela collaborava a giornali e tv locali e nazionali fin da quando era al liceo. Finiti gli studi, manda il curriculum a Londra, ma anche, giusto per tentare la sorte e ampliare le sue possibilità, negli Stati Uniti. Con sua grande sorpresa, viene chiamata a New York dalla Cnn per un primo colloquio di selezione, poi per un secondo, infine per un terzo. E le viene offerta una *internship* di tre mesi. Non retribuita, ma subito un'esperienza da far girare la testa. "L'ufficio della Cnn era dentro il palazzo di vetro delle Nazioni Unite. E io ci arrivai proprio in occasione dell'annuale Assemblea generale. In un anno storico, per di più: vi partecipavano alcuni dei nomi che hanno scritto la storia, dal presidente cinese Jiang Zemin a quello russo Boris Eltsin, a Fidel Castro. Nella piccola redazione della Cnn passavano per essere intervistati, a un palmo dal mio naso di stagista, Bill Clinton, Helmut Kohl, Jacques Chirac, Yitzhak Rabin – per il premier israeliano credo sia stata l'ultima intervista, pochi giorni dopo il rientro in patria fu assassinato. E come se non bastasse, qualche giorno dopo all'Onu arrivò Giovanni Paolo II".

I tre mesi di *internship* diventano sei, poi un'assunzione di un anno, in cui Angela finisce a lavorare con uno dei grandi della Cnn, Larry King, conduttore del talk show serale in cui interloquiva con i grandi della Terra. Ma la voglia di Londra, suo primo amore, e la nostalgia dell'Europa, cominciano a farsi sentire, così manda il suo cv a Bloomberg, l'agenzia di notizie e informazione televisiva economica – campo in cui inizia a specializzarsi –, sperando che si liberi una posizione a Londra. "Mando il curriculum il venerdì, il lunedì mi chiamano per un incontro e, con mio grande stupore, mi mettono davanti a una telecamera, cosa che alla Cnn non mi era mai accaduta". Uno stupore in parte frutto di ingenuità, perché Angela è non solo brava ma – come Barbara Serra – molto telegenica. Fatto sta che la assumono in un batter d'occhio, a New York però. Ma in meno di un mese la posizione a Londra si libera e dalla Big Apple passa al Big Ben. Alla redazione londinese di Bloomberg la mettono a fare *news* in inglese, ma ben presto diventa una delle colonne di un nuovo canale in lingua italiana. "E intanto mi offrono di stare in un residence proprio tra South Kensington e King's Road, dove avevo fatto quella prima passeggiata dopo aver perso il volo per Dublino anni prima... come non credere al destino?".

Quel destino che bussa di nuovo alla sua porta: anche la Cnbc, rete economica della Nbc americana, lancia un canale di *business news* in italiano e come conduttrice sceglie il migliore che c'è su piazza a Londra in quel momento, ovvero Angela Antetomaso. All'inizio la fa pendolare fra Milano e Londra, perché così esige la trasmissione, poi riprende la sua postazione fissa sulle rive del Tamigi. "Il mio sogno di ragazza è diventato realtà". Di chi il merito? "Di una grande determinazione personale, ma anche di una società meritocratica, dove ti danno l'opportunità di dimostrare quello che vali. 'Life is what you make of it', mi dicevano a New York, e per me è stato proprio così!".

Di Londra ama tutto: "Perfino il clima! Ne sono ancora innamorata come quella sera in cui feci la prima passeggiata a King's Road e capii che la mia vita sarebbe stata qui".

E poi c'è chi si lamenta degli aerei che ritardano.

19.

I nuovi freelance

Una sera ricevo un invito da Francesca Marchese, una giovane giornalista freelance a Londra da un paio d'anni che ho conosciuto su Twitter – ormai è anche così che si incontrano le persone –, per una cena con un gruppo di altrettanto giovani colleghi: vorrebbero formare un'associazione che li rappresenti, spiega, o qualcosa del genere. Mi sento obbligato ad andare, non perché abbia qualcosa in comune con giovani giornalisti italiani che cercano di affermarsi in una grande capitale straniera, ma perché sono stato anch'io un giovane giornalista italiano che cercava di affermarsi in una grande capitale straniera: trent'anni fa, a New York, dove approdai all'avventura per fare il freelance, come si dice in gergo, senza conoscere nessuno e con pochi, anzi pochissimi, soldi in tasca.

Ebbene, a New York un'associazione che rappresentava i giornalisti italiani c'era: l'Acina, acronimo di Associazione corrispondenti italiani Nord America. "L'Acina è vicina", scherzavo, facendo il verso al titolo del saggio di Enrico Emanuelli sulla Cina maoista. Scherzi a parte: come ultimo arrivato della categoria, diventare membro dell'Acina era stata per me un'enorme soddisfazione – oltre a rappresentare un miglioramento della mia vita materiale, perché le riunioni si tenevano una volta al mese nella splendida sede della Rai, all'ultimo piano di un grattacielo su Avenue of the Americas, ovvero in casa di un leggendario corrispondente da New York del telegiornale, Antonello Marescalchi, e c'era sempre da bere e da mangiare gratis per tutti, noccioline e patatine.

A Londra un'associazione simile non c'è, benché di giornalisti italiani ce ne siano a bizzeffe: saremo trenta o cinquanta, o magari cento, contando per l'appunto l'esercito dei collaboratori e dei freelance. Perciò, ricordando il mio passato newyorkese, sono curioso di vedere come sono i giovani freelance italiani di oggi e se somigliano ai freelance di trent'anni fa nella Grande Mela. Magari, penso magnanimo, potrò dare loro qualche consiglio, visto che io e gli altri freelance italiani nella New York di allora, da Lucia Annunziata a Gianni Riotta, a Mario Calvo-Platero, siamo stati tutti assunti in grandi giornali.

L'appuntamento è da Vino & Vino, un piccolo ristorante italiano vicino al mercato della carne di Smithfield, la piazza dove fu squartato – per restare in tema di macelleria – Braveheart, l'eroe ribelle scozzese. Arrivo un po' in ritardo. I freelance sono già tutti seduti a tavola: una quindicina, ragazzi e ragazze, a occhio fra i venticinque e i trent'anni. Fatte le presentazioni, mangiato qualcosa, ritengo che sia mio dovere, in quanto unico vecchio del mestiere, fare il discorsetto che mi ero mentalmente preparato. Ripercorro brevemente la mia esperienza newyorkese, cito l'Acina, esprimo comprensione per la dura vita del freelance, suggerisco di ritentare ostinatamente il modello andato bene a me e ai miei amici a New York trent'anni fa: procurarsi l'elenco delle testate italiane di provincia, che certamente non hanno un corrispondente a Londra, fare lo stesso con settimanali e mensili specializzati, dall'arredamento alla filatelia, dalla caccia agli scacchi, quindi tempestarli di mail con proposte di articoli. "Insistete se non vi rispondono subito, e vedrete che poco alla volta qualcuno risponderà, qualcuno vi commissionerà un articoletto, qualcuno perfino ve lo pagherà... non subito e non profumatamente, s'intende, ma è così che si comincia per diventare un corrispondente".

Senonché, quando educatamente mi rispondono, comprendo di essermi coperto di ridicolo: nella stragrande maggioranza, non sono freelance. Non avevo capito niente. Sono quasi tutti assunti, chi al "Wall Street Journal", che ha una redazione di ben settanta giornalisti a Londra, chi dall'agenzia

Bloomberg, chi da agenzie, riviste e testate di carta e online più piccole e più specializzate. Scopro così che, in particolare intorno alla comunità finanziaria della City, fioriscono un gran numero di pubblicazioni digitali e cartacee di economia, finanza, affari internazionali, come del resto era logico aspettarsi da una delle due capitali finanziarie del pianeta. Capisco che è più sensato cercare un lavoro giornalistico in quest'ambito, invece di inviare alla disperata articoletti a quotidiani di provincia italiani o a mensili di filatelia che ti pubblicherebbero un pezzo all'anno. "Qui a Londra almeno ti assumono", mi dice uno di loro, "in Italia saremmo tutti ancora collaboratori sfruttati e senza futuro... se va bene, con un contratto a termine rinnovabile di sei mesi in sei mesi e con un salario da fame".

Come hanno fatto a trovare un posto a Londra? Quasi tutti vengono da un master in giornalismo a Londra, parecchi alla City University, che ha uno dei programmi migliori in questo campo. Molti di loro sapevano già bene o benino l'inglese, gli altri lo hanno perfezionato vivendo qui. Scrivere in inglese può sembrare difficile, all'inizio, ma si impara. E poi, a differenza del giornalismo italiano, in cui quello che conta è soprattutto lo stile, e più lo stile è barocco, ridondante, stravagante, più viene considerato bella scrittura, nel giornalismo inglese lo stile dev'essere innanzitutto chiaro, secco, preciso, ordinato, senza sbavature, specie per le notizie di agenzia o comunque di cronaca, lasciando eventualmente ai columnist e a qualche grande inviato la facoltà di prendersi maggiori libertà stilistiche. E poi mi raccontano un'altra cosa, che non mi sorprende: se mandano un pezzo a un giornale o a una rivista italiani, esce quasi sempre così come lo hanno mandato, inclusi possibili errori; qui a Londra, invece, ogni articolo viene rigorosamente controllato da quattro diversi livelli di redattori, e se sul giornale viene comunque pubblicato un errore parte una specie di processo formale per capire come sia stato possibile. Così si impara a scrivere sempre meglio in inglese e comunque non si rischiano figuracce.

La cena con quelli che credevo fossero freelance mi apre gli occhi. Mi sembra di aver assistito all'evoluzione della specie. In un mondo globalizzato, non valgono le regole di trent'anni fa. Non ha senso venire a Londra per cercare di collaborare con un piccolo quotidiano di Modena o di Catania. Molto meglio scrivere in inglese, cercare lavoro per le testate di qui. È la globalizzazione, bellezza! Del resto avrei dovuto arrivarci da solo: Londra è piena di italiani che lavorano per testate inglesi. Oltre alle due *anchorwomen* di successo di cui già ho raccontato, Barbara Serra e Angela Antetomaso, ci sono Francine Lacqua e Giada Vercelli a Bloomberg, Anton La Guardia all'"Economist", Mark Franchetti al "Sunday Times", Gabriele Marcotti al "Wall Street Journal Europe", Alessandra Rizzo a Sky; e chi non lavora in una testata inglese, la testata se la fa da sé: come Daniela De Rosa, che ha fondato il giornale cartaceo e digitale "It Factor" (It sta per "Italian", ovviamente), o come London One, radio web per gli italiani di Londra, e L'ItaloEuropeo, portale internet di informazione rivolto al medesimo pubblico, entrambi fondati e diretti da Philip Baglini.

E poi c'è Annalisa Piras, per anni bravissima corrispondente di La7 e dell'"Espresso" da Londra, che ha cominciato a girare film insieme all'ex direttore dell'"Economist" Bill Emmott, come *Girlfriend in a Coma* (sull'Italia) e *The Great European Disaster Movie* (sull'Unione europea), comprati dalla Bbc e dalle tv di mezza Europa. Come mi sembra lontana, di colpo, l'Acina.

20.

Mi manda Woody Allen

Avete presente l'attrice che interpreta la moglie di Roberto Benigni in *To Rome with Love*, il film "romano" di Woody Allen? Si chiama Monica Nappo, è una napoletana di quarantaquattro anni, e anche lei ora fa parte della tribù degli italiani a Londra. "Me ne sono andata di casa a diciott'anni, sono sempre stata uno spirito indipendente", racconta davanti a un cappuccino a Camden. "Amavo il teatro, mi ci sono buttata da autodidatta, cominciando con il cabaret e le imitazioni, poi sono finita nella compagnia teatrale di Toni Servillo e per anni ho girato l'Italia con lui. Fra un teatro e l'altro ho lavorato con Martone, Cotroneo, Sorrentino. Ma alla fine, anche grazie al matrimonio con un drammaturgo inglese, sono scappata a Londra... scappata è il termine giusto, perché non ne potevo più dell'Italia di Berlusconi, della volgarità della nostra tv, del modo in cui vengono trattate le donne nel nostro paese. Non sono una talebana del femminismo, ma sono amareggiata che resti così poco del femminismo in cui credeva mia madre, e anche mio padre, e delle idee di eguaglianza e solidarietà che mi hanno trasmesso entrambi, due insegnanti ex sessantottini. Londra è un altro pianeta rispetto all'Italia: mi piace per la sua meritocrazia e il suo multiculturalismo, perché qui anche i grandi personaggi ti trattano con dignità, rispetto e curiosità".

E il teatro? Il cinema? "Se mi chiamano per un film, vado a farlo in Italia. Altrimenti faccio parti da italiana alla Bbc, poso come modella senza veli per pittori e accademie d'arte, scrivo. E purtroppo in Italia è scomparso il teatro contemporaneo, si fanno solo i classici. Qui a Londra invece ce n'è tanto, tante idee, tanta sperimentazione".

Come vede gli italiani in Italia e quelli di Londra? "Gli italiani d'Italia hanno perso l'estro e la fantasia che ci rendevano
speciali. Quanto agli italiani di Londra, non sopporto quelli
che si lamentano sempre del cielo grigio. A me il cielo grigio
di Londra piace assai, e mi piace perfino la cucina inglese".
A proposito di cinema – a Londra c'è anche un cinema italiano, il Genesis, ribattezzato CinemaItaliaUK. Lo ha aperto
Clara Caleo Green, guarda caso un'amica di Monica Nappo
ma a Londra da molto più tempo.

"Ci sono arrivata ventenne per la prima volta nel 1958",
mi racconta Clara, "con un viaggio di ventisette ore in treno
da La Spezia. Era una Londra irriconoscibile rispetto a quella
di oggi! Sbarco a Victoria Station, di sera, eppure il cielo è
dorato: per le luci antinebbia! C'era uno smog che non ti
faceva vedere a due palmi dal naso, certi giorni il fazzoletto
diventava nero quando ti soffiavi il naso, come se ce l'avessi
pieno di carbone. Ho sposato un amico della famiglia che mi
ospitava come ragazza alla pari, un avvocato inglese che lavorava al ministero del Tesoro, e sono rimasta qui tutta la vita.
Ho insegnato latino in una scuola privata per figli di diplo-
matici, francese in una scuola femminile, poi per tanto tempo
ho tenuto i corsi dell'Adult Education, con allievi dai sedici
ai novant'anni che avevano bisogno di ricevere un'istruzione,
interrotta per mille ragioni. Poi sono andata a lavorare all'I-
talian Bookshop, la libreria italiana di Londra, e lì un giorno,
aprendo la posta, ho scoperto che in Scozia esisteva un Italian
Film Festival. Il cinema era sempre stato la mia passione, così
mi sono attaccata al telefono, ho trovato qualche sponsor –
Fiat, Agip, Alitalia, Peroni, l'Istituto italiano di cultura – e
siamo partiti con l'Italian Film Festival UK anche a Londra,
esordio ai Riverside Studios il 2 maggio 1997: il giorno in cui
Blair entra a Downing Street! Anni bellissimi, peccato che
poi sono finiti i soldi e il Festival ha dovuto chiudere. Ma da
una costola del Festival è nato il cinematografo italiano di
Londra. E ho ancora tanti progetti".

Non si ferma mai, Clara: come Woody Allen.

21.

Mary Poppins a Soho

Non poteva mancare una libreria, nella nostra piccola città italiana di Londra. Perfino nell'era digitale, quando i libri si leggono sul web o si comprano su Amazon, deve pur esserci un luogo fisico dove trovarli in forma cartacea, sfogliarli e magari fare due chiacchiere con il libraio, chiedendogli un consiglio sui titoli da leggere.

Per tanto tempo una piccola, anzi piccolissima, quasi lillipuziana, libreria italiana così c'è stata a Cecil Court, delizioso vicoletto pedonale dietro Charing Cross, un angolo di *bouquinistes*, libri usati, librerie specializzate, compresa una di testi esoterici famosa per aver avuto un santone in vetrina – un santone in carne e ossa, con tanto di turbante, che per una modica cifra leggeva la mano ai clienti e prediceva il futuro. E vicino alla libreria esoterica sorgeva l'Italian Bookshop, non solo un luogo per acquistare libri in italiano ma anche un centro di aggregazione culturale e oserei dire umana, dove ogni settimana venivano organizzate presentazioni di libri di autori arrivati apposta dall'Italia, dove ci si incontrava per fare due chiacchiere, magari per un bicchiere di vino e uno spuntino di cracker col formaggio. "Un posto pulito, illuminato bene", così l'ho chiamato una volta nel mio blog, parafrasando il celebre racconto di Hemingway su un cameriere spagnolo che ci teneva al suo ristorante e voleva tenerlo comunque aperto, perché in ogni città di questo mondo ci vuole un posto pulito, illuminato bene, sempre pronto ad accogliere i viandanti.

A tenere aperto, pulito e illuminato bene l'Italian Bookshop provvedeva e provvede Ornella Tarantola, un altro di quei nomi che sembrano inventati, e invece no, è il suo vero nome di leonessa bresciana. Solo che il posto pulito e illuminato bene non è più a Cecil Court, gli affitti sono diventati troppo alti per via della folle lievitazione dei prezzi degli immobili; si è spostato non lontano, appena al di là di Charing Cross, nel cuore di Soho, in coabitazione con lo European Bookstore, una libreria dove si vendono libri in francese, tedesco, spagnolo, ma soprattutto – da quando è arrivata Ornella – in italiano. Forse prima o poi dovrà trasferirsi di nuovo, e c'è sempre la minaccia che chiuda, visto che le librerie sono in crisi dappertutto – quelle piccole e indipendenti più delle altre – e gli italiani di Londra che vogliono comprare libri in italiano non hanno che l'imbarazzo della scelta: possono ordinarli online o approfittare di un viaggio in Italia, che con i voli a basso costo facciamo tutti piuttosto spesso. In effetti, perché spendere qualche soldo in più e arrivare quasi fino a Piccadilly per comprarli nella libreria di Ornella?

Il perché è presto detto: la libreria resiste, ha resistito finora, non solo grazie ai libri ma anche grazie alla libraia, all'atmosfera che ha saputo creare, al fatto che il suo bookshop è diventato col tempo una specie di "casa italiana" a Londra, un porto d'approdo da cui passare nel corso della giornata, un modo per tenere i legami con la madrepatria ma ancora di più con la comunità italiana londinese. A Ornella l'ho detto tante volte, perché lo penso sul serio: la sua libreria è il vero Istituto italiano di cultura a Londra, non sovvenzionata dallo Stato, piccola, esposta alle burrasche del mercato, ma pulita e illuminata bene.

Adesso che ho descritto la libreria dovrei descrivere Ornella, ma qualcun altro l'ha già fatto meglio di me e quindi mi limito a ripetere le sue parole. Parlo della mia collega Concita De Gregorio, che quando "Repubblica" l'ha mandata a Londra nella folta pattuglia dei nostri inviati per raccontare le Olimpiadi del 2012 ne ha approfittato per dedicare a Ornella un ritratto di una pagina nella sezione della cultura, soprannominandola Lady Book e poi definendola in modo ancora più efficace: "Una Mary Poppins piovuta dal cielo come quella della cerimonia d'apertura dei giochi". Già, perché a quella cerimonia non era mancato uno dei personaggi simbolo della capitale inglese, Mary Poppins, la nanny dai magici poteri, e in effetti la libraia italiana di Londra le somiglia. In più, la vicina di casa di Ornella è l'attrice Emma Thompson – la professoressa di Divinazione, Sibilla Cooman, nei film di Harry Potter – e certe volte a Ornella pare davvero di vivere in una favola: del resto, anche nelle favole la protagonista corre dei rischi e deve superare dei pericoli, giusto? L'importante è che per l'Italian Bookshop ci sia un lieto fine.

La vita di Ornella è abbastanza romanzesca: gioventù ribelle al Dams di Bologna, matrimonio scapestrato, i difficili anni "di piombo" e della droga, la fuga a Londra zaino in spalla. Aveva però un destino: viene da una famiglia di librai di Pontremoli – librai di una volta, di quelli che giravano di casa in casa vendendo libri a rate –, anche se poi è nata a Brescia, dove peraltro aveva una zia libraia. Insomma, è sempre stata circondata dai libri e così, arrivata a Londra, per prima cosa bussa alla porta della piccola libreria italiana di Cecil Court. C'è bisogno di aiuto?, chiede. Forse sì, forse no. Ma per qualche strana ispirazione la libraia di allora, Flavia Gentili, poi diventata sua grande amica, le dice di sì e da allora Ornella non si è più mossa dall'Italian Bookshop, fino a diventarne la direttrice, la portavoce, il simbolo.

Quando arriva in città un nuovo espatriato italiano e chiede consigli, il primo che do è sempre lo stesso: iscriversi nella mailing list di Ornella e andare alle presentazioni dei libri – troverà calore, amici, forse anche lavoro e chissà, magari persino l'amore. È come se, appena varcato l'ingresso, superata la locandina del film *Caro diario*, con le firme degli scrittori e degli amici passati a presentare qui i propri libri o a raccontare le proprie esperienze – da Nanni Moretti a Stefano Benni, da Paolo Rossi a Vinicio Capossela, da Giovanni Allevi a Luciana Littizzetto –, una bacchetta magica (quella di Mary Poppins? o quella di Harry Potter?) rendesse tutto più dolce, più accettabile, più vivibile.

"Londra mi mantiene giovane", dice Ornella una sera che andiamo a mangiare una pizza a due passi dalla libreria. "E mi fa compagnia, mi consente di vivere sola, da anni, senza sentire la solitudine: è diventata un po' il mio fidanzato. Non riesco a trovarle un difetto, a me va bene tutto, così com'è, con il cielo grigio e le distanze enormi... la preferisco comunque a ogni altra. Anzi no, dai, un difetto glielo trovo: sta diventando un po' fasulla, un po' artificiale, una specie di Disneyland, troppo ricca, commerciale, laccata... Anche Soho non è più quella di una volta, io la preferivo un po' più sporca e birichina".

Che vita fai tu a Londra? "Non faccio una vita poi così diversa da quella che farei in Italia: la sera esco poco perché sono stanca, non sempre ho l'energia per cogliere le mille opportunità che offre la città. Ma non importa che io vada da nessuna parte, è la città che viene a trovarmi, c'è sempre qualche persona interessante e amica che passa dalla libreria. Quanti consigli ho dato in questi anni sui libri da leggere, quanti frequentatori delle nostre presentazioni hanno conosciuto qui nuovi amici e quanti qui da me hanno trovato anche un amore... soprattutto i gay, sai, molti gay italiani sono venuti a stare a Londra perché qui non c'è la discriminazione che c'è in Italia, nessuno si volta se due uomini o due donne stanno mano nella mano per strada".

Torneresti in Italia? "Non riuscirei a tornare a Brescia, questo è certo, e neppure a lavorare in Italia, pur sentendomi profondamente italiana ed essendo italiani, qui a Londra, devo ammetterlo, i miei migliori amici. In Italia ho i vecchi amici di quando ero giovane, che ho mantenuto, qui i nuovi amici dei miei ultimi vent'anni di vita londinese". Tra i nuovi amici c'è Renata, la sua assistente in libreria, che però è più di un'amica, "per me è come una figlia, la adoro".

E tra gli amici che vengono regolarmente a trovarla dall'Italia c'è Luca Bianchini, che si è ispirato a lei per la protagonista dell'ultimo dei suoi deliziosi romanzi d'amore: una libraia italiana a Londra che si innamora di un cliente, un *Notting Hill* alla rovescia, con Julia Roberts nei panni della libraia e Hugh Grant in quelli del cliente. "No, io per la mia parte vorrei Helena Bonham Carter", protesta lei quando glielo dico. Oppure Mary Poppins.

22.
Piccola grande donna

Quanti scrittori italiani ci sono a Londra? Abbastanza per formare una squadra di calcio, riserve incluse. Ne cito qualcuno in ordine sparso, scusandomi con quelli che dimentico: Paolo Nelli, Nicola Gardini, Pergiorgio Pulisci, Letizia Pezzali, Benedetta Cibrario, Stefano Jossa, Lorenza Gentile, Marco Mancassola, Stefano Tura, Caterina Soffici, Bamboo Hirst e Melinda Miller (italiane, a dispetto del nome), senza dimenticare il grande Gianni Celati – che vive e insegna nella "Rimini inglese", Brighton, anche questo in fondo un sobborgo della capitale – ed Enrico Palandri, che con Londra, dopo averci a lungo vissuto, fa il pendolare da Venezia per insegnare letteratura italiana all'UCL.

Non potendo intervistarli tutti, ne intervisto uno, anzi una: Simonetta Agnello Hornby. Della quale si sa già molto, se non proprio tutto, attraverso i romanzi e i memoriali best seller che ha scritto: se Flaubert proclamava "Madame Bovary sono io", c'è sicuramente Simonetta, la sua vita prima siciliana, quindi londinese, nei suoi libri, a cominciare da *La Mennulara*, il romanzo che nel 2002 l'ha fatta scoprire al pubblico, alla critica e forse anche a sé stessa, diventato quasi un classico moderno. Del resto, oltre a diversi volumi sulle tradizioni culinarie della sua isola e della sua famiglia, da cui si scopre molto di lei, qualche anno fa è uscita una vera e propria autobiografia, *La mia Londra*, in cui ripercorre gran parte della sua vita. "Ti autorizzo a copiare tutte le parti del libro che vuoi", esordisce Simonetta quando le chiedo a mia volta di raccontarmi la sua Londra, ma non posso: temo che il suo editore mi farebbe causa per plagio. Così mi limiterò a riassumere brevemente la sua storia e poi proverò a farle qualche domanda a cui non abbia già dato risposta, consapevole che non è un'impresa semplice fare l'interrogatorio a un avvocato, quale lei è stata per decenni, prima di iniziare la carriera di scrittrice con tale successo da vedersi costretta ad abbandonare la prima.

Dunque: famiglia siciliana; arriva da sola, ventunenne, nella capitale britannica da Palermo a metà degli anni Sessanta, quando prendere un aereo per Londra era più o meno come andare sulla Luna; si sposa con il signor Hornby (non lo scrittore Nick, ovviamente, solo un omonimo), conosciuto qualche anno prima, quando era andata a studiare l'inglese a Cambridge; ha due figli; diventa avvocato e giudice minorile, presiede per anni il tribunale di Special Educational Needs and Disability; il suo studio legale nel quartiere di Brixton è un punto di riferimento per la comunità nera e islamica. Una piccola (solo di statura) grande donna che mi ha fatto subito una grande impressione, appena l'ho conosciuta: aveva la forza di un tornado e si sentiva. La incontravo ai congressi annuali del Partito laburista, a cui era iscritta e del quale era attiva militante. Veniva ai party che organizzavo ogni tanto, si accendeva la pipa, fumava come un uomo e ben presto tutti gli invitati si raccoglievano attorno a lei ad ascoltarla. Ha lottato contro le ingiustizie sociali. Ha affrontato coraggiosamente drammi familiari. Ha avuto immense soddisfazioni come avvocato e altrettante come scrittrice. Adora Londra, come ha scritto nei suoi libri e affermato in miriadi di presentazioni, convegni, interviste. Parlare con lei mette, almeno a me, un po' di soggezione, perché ne sa infinitamente di più, su Londra e su molto altro: temo di dire sciocchezze, e puntualmente finisco per dirle.

Non potendo invitarla a un club come il leggendario Reform di cui è socia (non farei mai parte di un club che mi accettasse fra i suoi membri, vorrei dire come scusa, citando Groucho Marx, ma non è un'ipotesi di cui debba preoccuparmi: nessuno mi accetterebbe), la invito a colazione nel ristorante che a mio modesto giudizio più si avvicina all'idea, perlomeno la mia idea, di un club per gentiluomini (e gentildonne, visto che ora, finalmente, sono ammesse a iscriversi anche loro): Wilton's, su Jermyn Street, la via dei camiciai dietro Piccadilly. Me lo aveva fatto conoscere Paolo Filo della Torre, storico corrispondente di "Repubblica" per decenni – da me soprannominato Big Ben –, prematuramente scomparso: ci portammo a pranzo per un'intervista a quattro mani, quando Paolo era già in pensione ma ancora collaborava con il giornale, l'ex segretario personale della Thatcher.

Be', se oggi Paolo mi guardasse da lassù dove ora si trova, e dove se la sta certo spassando come faceva amabilmente quaggiù, sarebbe orgoglioso della mia scelta per l'incontro con Simonetta: un attimo prima che arrivi la mia ospite, infatti, da Wilton's entra John Major, l'ex primo ministro britannico conservatore che succedette alla Thatcher a Downing Street. Prima di te, dico a Simonetta sperando di fare buona impressione, è entrato John Major. "Un cretino", taglia corto lei, e capisco di aver detto la prima sciocchezza della giornata. Da Wilton's, come mi aveva insegnato Paolo, servono la miglior sogliola della città e anche un'ottima cacciagione, smentendo il detto secondo cui non esisterebbe una cucina inglese. Ma Simonetta disdegna l'una e l'altra, ordinando ostriche e champagne: non sbaglia, perché il ristorante è rinomato anche, e forse soprattutto, come "oyster bar". È di ritorno dal Cairo, dove l'hanno invitata a un festival letterario in occasione della pubblicazione in arabo della *Mennulara*, il suo primo e forse più famoso romanzo, sebbene io abbia amato anche gli altri e in particolare *Vento scomposto*, il giallo, se così si può definire, ambientato a Londra. Le domando come le è sembrata Il Cairo, dove io andavo qualche volta, quando ero corrispondente di "Repubblica" da Gerusalemme, e avevo l'impressione, appena uscito dall'aeroporto, di essere capitato nel bel mezzo del Giudizio Universale o di un'apocalisse. "Il Cairo è come Palermo", risponde, "anche Camilleri è d'accordo. Il clima è simile, il caos è simile e io mi ci sento proprio a casa". Che cosa rara per uno scrittore italiano, osservo, avere un proprio libro tradotto in arabo. "Credo che la traduzione sia una schifezza. Ma hanno insistito tanto per pubblicarlo". Il cameriere porta le ostriche a lei e la sogliola a me. Le parlo del progetto di questo libro sulla comunità degli italiani di Londra, di cui lei è certamente, a mio modo di vedere, un pilastro. Ecco, cosa pensi di questa città: ti piace Londra? "Non me lo chiedere neanche, ci sto bene, è la mia città da quarant'anni. E poi ho raccontato nel mio libro cosa penso di Londra". Sì, certo, d'accordo, ma già che siamo qui, posso chiederti, tanto per parlare, cosa ti piace di Londra, in particolare? "Che accetta tutti. Che è democratica. Se vuoi sentirti londinese, puoi esserlo". Merito della globalizzazione, di Cool Britannia, del blairismo, del multiculturalismo, azzardo... "Ma no. È sempre stato pieno di stranieri qui, anche ben prima della globalizzazione, dal tempo del British Empire, e ancora prima: Londra è stata fatta da ondate di migranti. Aldwich, per esempio, è praticamente danese, lo sapevi?". No, non sapevo neanche questo, penso, fra le tante cose che non so. "Poi i migranti si mescolano agli inglesi e prendono loro il potere nei vari campi".

Ecco, ma come sono gli inglesi, secondo te, tu che ne hai sposato uno, ci hai lavorato in mezzo per tanto tempo come avvocato e giudice, che li conosci bene? "Sì, è vero li conosco, e ho molti amici inglesi, incluso un marito, ma con i miei figli ho sempre parlato italiano, anzi siciliano, anzi il dialetto della campagna vicino ad Agrigento dove li portavo in vacanza da piccoli. Una lingua strana in cui, per dire 'fermati', si dice 'moviti'. Ho anche amici italiani, però. Gli inglesi sono diversi da come li vediamo noi. Sono un popolo rozzo, guerriero, e così dovevano essere per conquistare il mondo, come hanno fatto. Solo che poi da noi venivano a fare il Grand Tour e vedevamo arrivare aristocratici colti e pallidi, per cui ci siamo fatti l'idea che fossero poco attivi sessualmente. Invece nel mio lavoro di avvocato ho visto che procreano a tutto spiano e fanno sesso in tutte le salse, altro che *Cinquanta sfumature di grigio*".

Le ricordo i nostri incontri al congresso laburista. Cosa pensa del Labour? "Tony Blair non mi è mai piaciuto. Ripete a pappagallo quello che impara dagli altri. La Thatcher aveva una visione, lui ha fatto mezze riforme e basta... non c'è bisogno di tirare in ballo l'Iraq per criticarlo. Più in gamba sua moglie, Cherie, l'avvocato. Li conoscevo bene, li ho frequentati entrambi, prima che andassero a Downing Street. Ho conosciuto tanta gente che poi ha fatto carriera in politica. Fu Kenneth Clark, in seguito ministro del Tesoro della Thatcher e ministro degli Affari Economici anche nel primo governo Cameron, a consigliarmi di fare il *solicitor* invece del *barrister*, per dirne una".

Commento che è stata un avvocato fantastico e colgo l'occasione per dirle quanto mi siano piaciute le descrizioni di Londra in *Vento scomposto*, il romanzo che ha per protagonista proprio un avvocato specialista in diritto di famiglia e questioni minorili, come era lei; ho sempre pensato che avrebbe dovuto essere tradotto in inglese e che sarebbe diventato un best seller anche qui. "Lo sto riscrivendo, in inglese, senza tutte quelle descrizioni. Agli italiani, che non conoscono Londra, forse piacciono. Ma a un pubblico inglese non dicono niente di nuovo. Magari così riesco a trovare un editore inglese che me lo pubblichi".

Sicché oggi, dunque, ti senti una scrittrice? E quand'è che hai cominciato a sentirti tale? "Sentirmi una scrittrice? Io non mi sento affatto una scrittrice. Un giorno, come ho raccontato tante volte, mi è venuta in mente la storia della *Mennulara*, mentre aspettavo un volo Palermo-Londra che era in ritardo, e l'ho scritta, l'ho raccontata, tutto qui. Sono una raccontatrice di storie, non una scrittrice. Mi piaceva di più fare l'avvocato, era un lavoro più utile. E lo facevo meglio, come scrittore ce ne sono tanti più bravi di me". E dove scrivi? "Dovunque, come capita, senza una routine, anche nelle sale d'aspetto degli aeroporti, come ti ho detto". E il tuo legame con l'Italia oggi com'è, cosa ne pensi?, sei ottimista o pessimista? "Due modi sbagliati di guardare al problema. L'Europa è più simile, omogenea, unita, di quanto si creda. È tutto in declino, va tutto alla deriva, questo è vero. Io però mi sono sempre sentita europea e orgogliosa di esserlo". Ecco, il pranzo è finito.

Raggiungendo l'uscita del ristorante, passiamo vicino al tavolo di un bel signore che pranza con due giovani, bellissime ragazze. Mi pare di conoscerlo. Lo riconosco: è sir Rocco Forte, proprietario di una catena di hotel di super lusso, veri gioielli dell'industria alberghiera, come il Brown's a Londra e il de Russie a Roma, figlio di Carmine Forte, che di alberghi a un certo punto ne possedeva più di mille ed è morto con il titolo di baronetto, pur essendo nato a Frosinone ed emigrato a Londra a vent'anni senza un soldo: altri due italiani della "Little Italy" londinese che hanno fatto e fanno onore al nostro paese. "Parlo italiano con le mie figlie", mi aveva detto sir Rocco in un'intervista per "Repubblica" poche settimane prima: e le due belle ragazze con cui pranza sono appunto le sue figlie. "Vostro padre è un grand'uomo", dico loro, salutandoli, poi raggiungo Simonetta al guardaroba e usciamo insieme su Jermyn Street.

Lei andrà a leggere il giornale al Reform, il suo club. Io prendo il metrò e torno a casa, ripensando alle parole di questa piccola grande donna, che, partita da un'isola del Sud e approdata in un'isola del Nord, girando il mondo ha scoperto l'orgoglio di essere europea.

23.
La ragazza con la valigia

Se oggi è martedì, questa dev'essere Vienna. Se è giovedì, vuol dire che questa è New York. Se è sabato, è Dubai, in attesa di un aereo per Delhi. Se è lunedì... be', se è davvero lunedì forse questa è Londra, ma bisognerebbe guardare bene fuori dalla finestra, o dal finestrino del taxi, del treno, del metrò, per esserne sicuri.

Questa è, all'incirca, la vita di Camilla Grimaldi, la ragazza con la valigia. Sempre in viaggio da una capitale all'altra. Sempre un po' trafelata e sempre con qualche problema complicatissimo da risolvere all'ultimo momento, tipo: come caricare sull'aereo l'enorme scultura che un'artista egiziana ha insistito per regalarle. Torna dalla Biennale di Venezia e dice che ha camminato più che se avesse fatto una maratona. Passa tre giorni a New York e racconta che praticamente non ha chiuso occhio. Pensate a Audrey Hepburn in *Colazione da Tiffany* e più o meno avrete un'idea di Camilla: in apparenza un po' svampita, in realtà sempre con una bussola in testa che la porta a destinazione. A Londra è cofondatrice e direttrice di una delle più importanti gallerie di fotografia artistica, Grimaldi Gavin, su Albemarle Street, la strada delle gallerie d'arte nel cuore della città. Prima che mi scappi per fare la valigia e volare a Vienna, se è martedì, o a New York, se è giovedì, cerco di fermare la trottola della sua esistenza e le chiedo come è arrivata alla galleria su Albemarle Street.

"L'interesse per l'arte c'è sempre stato nella mia famiglia e ha contagiato anche me. Quando ho finito gli studi, ho pensato che la scelta migliore fosse imparare il mestiere sul campo, così ho passato un anno da Christie's a New York, poi un altro da Christie's a Londra e poi un altro ancora alla Fondazione Guggenheim a Venezia". Nel campo dell'arte, la fotografia era la sua passione – e con il tempo si è specializzata nella fotografia artistica, emanazione dell'arte concettuale –, la foto come un quadro d'artista. Ha aperto una galleria di fotografia a Roma, poi l'ha chiusa e ne ha aperta una seconda a Londra con una socia italiana, ha chiuso anche questa e adesso ne ha aperta una terza, sempre a Londra, stavolta con una socia inglese. È una delle tre gallerie dedicate esclusivamente alla fotografia nella capitale britannica.

Il lavoro di Camilla consiste nello scoprire nuovi talenti e farli conoscere: prendere un mix di artisti e farne una squadra, una rassegna, una mostra. Perché proprio a Londra? "Perché Londra è il solo posto al mondo dove essere se vuoi fare arte, oltre a New York". E lei come ci si trova? "È una città facile per una donna sola, che non ha la macchina, che vuole una vita autonoma e indipendente". E tra Londra e New York quale preferisce? "New York per l'energia, ma trovo Londra più rilassante, meno claustrofobica, più a misura d'uomo". L'"Independent" la chiama per un'intervista, l'"Evening Standard" vuole un appuntamento per recensire la sua ultima mostra, il "Telegraph" deve mandarle i fotografi a casa per un servizio sul suo appartamento vicino a Sloane Square, anche quello un'opera d'arte. Oggi pomeriggio deve vedere un cliente americano, poi ha un cocktail con un artista, quindi una cena da Sotheby's, e domattina riparte: Zurigo, Parigi, Milano, San Candido, Salisburgo, Barcellona. Ecco la settimana che l'aspetta.

24.

All that jazz

Luci soffuse, tintinnio di bicchieri, poi un acuto di tromba e una voce di donna che taglia l'aria modulando suoni che sembrano parole. La tromba è quella di Paolo Fresu, uno dei più grandi jazzisti italiani, in tournée a Londra al Pizza Express di Soho, una cantina sotto una pizzeria diventata uno dei locali di musica dal vivo più rinomati della capitale. La voce è quella di Filomena Campus, sarda come Fresu ma trapiantata da quindici anni in Inghilterra. Nata e cresciuta a Macomer, piccolo comune in provincia di Nuoro, laureata in Lingue straniere a Cagliari, appassionata fin da ragazza di teatro sperimentale, nel 2001 Filomena fa un master al Goldsmiths College di Londra pensando che le servirà per il curriculum: le hanno promesso un incarico all'università in Sardegna. Ma un anno dopo, quando torna a casa con il master in tasca, il docente che le aveva promesso l'incarico se n'è andato, al suo posto c'è un altro con piani diversi e l'offerta di lavoro si volatilizza. Lei non aveva neanche disfatto la valigia: la richiude e riparte per Londra: "Volo di sola andata, questa volta".

In valigia aveva tre grandi sogni: "Insegnare all'università, fare la regista teatrale, cantare jazz". Il modo in cui li ha realizzati tutti contiene l'ennesima lezione su come farcela sotto il Big Ben.

"Lasciare la famiglia, gli affetti, gli amici e il mio mare non è stato facile, all'inizio. Ma a Londra ho avuto la fortuna di incontrare persone meravigliose che mi hanno aiutato e fatto sentire a casa". La vera fortuna, tuttavia, sono la sua energia e la sua determinazione. Comincia dando lezioni private di canto. Poi organizza piccoli workshop teatrali e musicali. Quindi la invitano a tenere dei laboratori alla Bbc, all'University College London e presso diverse organizzazioni. Nel frattempo, manda domande a raffica alle università londinesi per un posto da insegnante e dopo un po' trova un doppio impiego: due giorni alla settimana insegna teatro alla High Wycombe, gli altri tre insegna live art alla Kingston University. "Mi alzavo all'alba, prendevo il metrò all'ora di punta quando è pieno da scoppiare, andavo dal nord al sud di Londra e viceversa, senza fermarmi mai, ma ho imparato un sacco."

Dopo qualche anno viene assunta a tempo pieno dalla University of Essex, la stessa presso cui aveva conseguito il master in Teatro. Ci rimane tre anni, quando decide di rischiare: basta lavoro fisso, più tempo per dedicarsi al teatro e alla musica. In fondo il primo sogno, insegnare in un'università inglese, lo ha realizzato. Fonda la sua compagnia, Thea-tralia, quasi un acronimo fra "theatre" e "Italia". Comincia mettendo in scena al teatrino di Camden un adattamento del Living Theatre contro la pena di morte: tre settimane di repliche, un grande successo di pubblico e di critica. Ottiene un piccolo finanziamento dall'Arts Council, l'ente promotore britannico del teatro, e fa un secondo spettacolo ispirato a un monologo di Marco Paolini sull'uranio impoverito. Quindi si lancia in un'avventura più grande come regista di *Misterioso*, il testo di Stefano Benni sul leggendario pianista jazz Thelonious Monk. Ottiene un nuovo finanziamento dall'Arts Council, fa una prima rappresentazione al Camden People's Theatre, Benni viene a vedere lo spettacolo dall'Italia e si entusiasma, l'aiuta a sviluppare il progetto e la regia. L'anno dopo lo spettacolo si trasferisce ai famosi Riverside Studios, un'istituzione del teatro londinese, dove lavorò anche Samuel Beckett: tutto esaurito, un mese di repliche e l'invito a portarlo al Festival Fringe di Edimburgo. Anche il secondo sogno può dirsi realizzato e Filomena si concentra sul terzo.

Nel 2011 esce il suo primo cd, *Jester of Jazz* (Giullare del jazz), registrato insieme a una band di grandi professionisti inglesi, tra cui il pianista di Paul McCartney. Da quel momento inizia a interpretarlo lei stessa sulle scene del Jazz Club Pizza Express di Soho e di altri locali notturni. Il suo ultimo progetto è "My Jazz Islands": un festival "tra le mie due isole, la Sardegna e la Gran Bretagna, un ponte jazz tra due realtà molto diverse, dove musicisti e artisti sardi e britannici comunicano attraverso jazz e improvvisazione". Anche il terzo sogno, o desiderio, è stato realizzato, ma la favola continua. "Merito di Londra, che mi ha dato tanto, in Italia non sarebbe stato possibile", dice modestamente Filomena.

Poi si spengono le luci, tacciono le voci, nel buio risuona la tromba di Paolo Fresu e la voce di Filomena taglia un'altra volta l'aria.

25.

L'ingegnere di Abbey Road

Sono le strisce pedonali più famose del mondo: le "zebre" che attraversano Abbey Road, finite sulla copertina di un celebre disco dei Beatles, con i quattro di Liverpool che ci camminavano sopra. Turisti e fan di tutto il mondo vanno ogni giorno a farsi fotografare nello stesso posto, nella stessa scena. Poi, attraversata la strada, lasciano una scritta, una firma, un segno, sul muro degli Abbey Road Studios, gli studi discografici in cui i Fabulous Four registrarono tanti dei loro album. Ora quel mitico tempio del rock ha chiamato un giovane italiano a dirigere una nuova iniziativa: l'Abbey Road Institute, scuola di ingegneria del suono e produzione musicale. Luca Barassi, trentacinque anni, napoletano, si trova così ad amministrare e organizzare corsi di dodici mesi per i professionisti della musica di domani, in acustica e audioingegneria, teoria e produzione musicale, business e management del settore. Se i Beatles di domani avranno bisogno di uno studio in cui registrare canzoni, i tecnici del suono li avrà formati lui, insieme agli insegnanti e agli specialisti di Abbey Road.

La storia di Luca Barassi è quella di uno dei tanti italiani emigrati a Londra in cerca di sfide, la testimonianza di come qui sia possibile affermarsi, anche senza conoscere nessuno, forti della propria determinazione e del proprio talento. Cristina Carducci, forse la più brava blogger italiana di Londra, mi accompagna a conoscerlo. "Non sono figlio di musicisti, ma mio padre è stato un grande collezionista di dischi in vinile e mi ha trasmesso la sua passione", racconta Barassi. "Da ragazzo ho ricevuto in regalo una chitarra e il resto, in un certo senso, è venuto di conseguenza".

Andiamo con ordine: cosa è successo dopo la chitarra? "Ho imparato a suonarla, e ancora di più mi sono interessato alla produzione del suono. Mi sono organizzato un piccolo studio di registrazione in casa e da autodidatta sono diventato il tecnico del suono di un paio di gruppi rock napoletani ancora attivi, i Radical Kitsch e gli Slivovitz. Nel frattempo mi sono iscritto all'università, prima in Medicina e poi in Lettere, ma ho capito che non era quella la mia strada e così, con il sostegno dei miei genitori, ho cercato uno sbocco professionale legato alla musica". Ed è questo che l'ha portata a Londra? "Sì, attraverso l'iscrizione al Sae Institute, la School of Audio Engineering, un college privato con sedi in molti paesi che ha a Londra la sua base. Ho passato così un anno di studio intensissimo e stimolante. E la Sae, quando mi sono diplomato con il massimo dei voti, mi ha offerto un lavoro: prima come supervisore dei corsi, quindi come docente a tempo pieno e successivamente, dopo aver aiutato a organizzare il trasloco in una nuova sede, come manager dell'intera scuola. Un percorso pazzesco, da studente – straniero, per di più – a direttore della scuola in cui mi ero diplomato". Da lì come è finito agli studios di Abbey Road? "Nel 2011 la Sae è stata venduta a una grande corporation. Sarei potuto restare, ma sentivo che l'ambiente era cambiato e cercavo nuove sfide, così me ne sono andato. E per un colpo di fortuna poco dopo mi ha cercato l'Universal Music Group, il gruppo proprietario degli Abbey Road Studios: anche loro pensavano di aprire una scuola di ingegneria musicale e tecnica del suono, avevano sentito parlare del mio ruolo alla Sae e mi hanno invitato a dirigerla. Così sono diventato il direttore dell'Abbey Road Institute, che abbiamo aperto da poco, con il progetto di creare succursali della scuola anche a Berlino, Monaco, Sydney e Melbourne". Come è possibile, per un ragazzo italiano, ritrovarsi in tredici anni a capo della scuola musicale degli studi di registrazione dei Beatles? "Penso che solo Londra offra simili opportunità a un perfetto sconosciuto. È il risultato di tre fattori: l'apertura mentale degli inglesi, la meritocrazia del sistema scolastico e delle carriere, infine la chance di imparare moltissimo da grandi professionisti che ti trattano da pari a pari".

Visto che lei ce l'ha fatta, che consiglio darebbe a un giovane italiano che vuole tentare di farcela a Londra, nel suo stesso campo o in un altro? "Il primo requisito, naturalmente, è imparare bene l'inglese. Poi bisogna scrollarsi di dosso i pregiudizi e non avere barriere culturali, inammissibili in una metropoli multietnica come questa. E guai a essere arroganti, a pensare di aver capito tutto: c'è sempre qualcosa da imparare. Infine, rivalutare certi aspetti positivi dell'italianità, rendersi conto che il nostro calore umano, la nostra comunicativa, sono un vantaggio da sfruttare arrivati sulle rive del Tamigi".

26.

Politics – but not "Italian style"

A Londra ci sono medici italiani, avvocati italiani, docenti universitari italiani, italiani che fanno tutti i mestieri. Potevano mancare i politici italiani? Sì, diciamo la verità, siamo venuti qui anche per stare lontano da quel tipo di politica e di dirigenti politici, dalle zuffe in Parlamento e dai discorsi vuoti, dalle barzellette di Berlusconi e dalle imitazioni di Renzi. Non ne potevamo più: basta assistere il mercoledì al Prime Minister's Question Time, il dibattito tra il primo ministro, il leader dell'opposizione e chiunque altro ottenga la parola, alla Camera dei Comuni, per respirare una boccata d'aria fresca.

"È antica tradizione, in quest'aula, che non si applauda", ha ricordato lo speaker della Camera dei Comuni ai neoeletti deputati scozzesi, quando hanno applaudito il discorso del loro rappresentante, subito dopo le elezioni del maggio 2015. Un Parlamento in cui non si può neanche applaudire! Bisognerebbe registrare il Prime Minister's Question Time (la Bbc lo trasmette in diretta tutte le settimane) e mandarlo a Montecitorio con l'obbligo, per i nostri deputati, di non perderne neanche una puntata: anche se non capissero una parola, come lezione di civiltà sarebbero sufficienti le immagini.

Eppure, anche a Londra qualche politico italiano c'è: nel senso che qui si sono formati e si formano attivisti della politica con passaporto italiano. Possono rientrare in Italia, come è accaduto a Ivan Scalfarotto, diventato deputato del Pd e sottosegretario del governo Renzi dopo molti anni trascorsi a lavorare nella City. Possono farsi eleggere qui, come Lazzaro

Pietragnoli, diventato sindaco di Camden, uno dei trentatré *boroughs*, ovvero borghi, in cui è suddivisa la metropoli. Oppure possono aver fatto politica in Italia e continuare a farla a Londra, come Ivana Bartoletti, che è stata responsabile nazionale per i diritti umani nei Democratici di Sinistra guidati da Piero Fassino, poi si è trasferita a Londra con marito e figlio, ha trovato lavoro nel servizio sanitario pubblico nazionale e si è iscritta al Partito laburista. Con il Labour è stata candidata alle elezioni europee (era la quinta in lista, i primi quattro sono stati eletti), ritenterà alla prossima occasione – forse alle elezioni per la municipalità di Londra nel 2016, forse alle prossime legislative. "Sì, ho preso anche la cittadinanza britannica per avere pieno accesso alla vita politica di questo paese, dunque anche per candidarmi come parlamentare", racconta. "Mi sento sia italiana che britannica e con gli anni ho imparato come la cittadinanza sia una questione complessa, che va al di là del passaporto. Devo molto alla Gran Bretagna, ma considero l'identità nazionale una cosa importante: non mi piace pensare che non si possa essere più cose insieme, al contrario mi piace che ci sia un orgoglio nel dichiararsi migranti, sia da paese a paese ma anche come atteggiamento con cui attraversare la nostra stessa esistenza".

Cosa pensa di Londra, dal suo osservatorio di militante della sinistra britannica? "Londra è un laboratorio di idee, ma anche una città sempre più divisa, dove il mercato immobiliare è in mano a grosse multinazionali e fondi pensioni che comprano e vendono case speculandoci e facendo lievitare i prezzi in modo pazzesco. Spesso sembra di vivere in due città invece di una, l'una di fianco all'altra, che non si incrociano mai. Io abito ad Hackney, nell'est di Londra: vedo quotidianamente ricchezza e povertà fianco a fianco, il disagio sociale nelle strade del mio quartiere ma sullo sfondo, a poca distanza, i grattacieli della City, simbolo di ricchezze sproporzionate. Non mi piace, e farò quello che posso per migliorare questa città. Mi attira l'idea di restituire alla Gran Bretagna, in termini di impegno, tutto quello che la Gran Bretagna ha dato a me".

È stato difficile ambientarsi? "Non è stato facile. Londra è un mondo duro, frenetico e costoso. Spesso si ha la sensazione di lavorare tantissimo, senza che questo contribuisca a migliorare la qualità della vita. Colpa dei prezzi delle case e del costo dei servizi per l'infanzia. A Roma il mio bambino andava all'asilo pubblico, qui per l'asilo pagavo quasi mille sterline al mese! Ma, allo stesso tempo, questo è un paese che in linea di massima premia l'impegno, e quindi mi sono sempre trovata bene. Qui la politica non è un privilegio e il parlamentare è un lavoro come un altro. Spesso si pensa che la Gran Bretagna sia un paese più egualitario, in realtà questo non si traduce in maggiore mobilità sociale: si parla ancora di classismo e i benestanti mandano i figli alle scuole private. Troppo spesso il background familiare influenza il risultato futuro – d'altro canto, questo è il paese della regina! Ma è proprio da qui – dal paese più capitalista e più liberal d'Europa – che io posso cominciare davvero a migliorare il sistema occidentale. Perché in Gran Bretagna, a differenza che in Italia, le cose si muovono più velocemente e cambiano veramente".

E a Londra c'è anche un circolo del Pd: 140 iscritti, un segretario, Roberto Stasi, che lavora nella City come analista finanziario ma ha un lungo passato di impegno nella sinistra italiana, culminato nella campagna elettorale per Giuliano Pisapia come sindaco di Milano. "In verità non abbiamo una sede del partito, stiamo in contatto attraverso un sito internet e facciamo le nostre riunioni in un ufficio del sindacato che gentilmente ci ospita", ammette. "È difficile far capire la nostra presenza e dare senso alla nostra azione a Londra, ma il primo obiettivo è sprovincializzare la politica italiana".

Quasi quasi, le suggerirei di mandare a Montecitorio le registrazioni del Prime Minister's Question Time.

27.

Home sweet home

Lo ripetono tutti gli italiani che incontro in questo giro nella Little Italy sotto il Big Ben: le case a Londra sono troppo care! Colpa di immobiliaristi speculatori o del fatto che i ricchi di tutto il mondo vogliono comprare un mattone sulle rive del Tamigi. Un mio amico – che lavora a Londra come medico e preferisce mantenere l'anonimato – sostiene che il modo migliore, anzi no, l'unico, per fare soldi in questa città è comprare una casa, rivenderla dopo qualche anno, comprarne una più grande, rivenderla, e così via: che è poi quello che ha fatto lui. Posso testimoniare: ha iniziato una decina d'anni fa acquistando due stanzette per trecentomila sterline, adesso sta vendendo una casa da oltre due milioni di sterline. È come una magia: depositi un mucchietto di soldi in un posto e lo guardi crescere, crescere, crescere, del 15 per cento l'anno, del 20 per cento l'anno, in certe zone e in certe strade anche del 30 per cento l'anno. Una follia, per tutti quelli che non hanno cominciato anni fa a fare questo giochino, ma è innegabile che al mondo non c'è investimento migliore del mattone londinese.

C'è anche qualcuno, tuttavia, che per mestiere vende case agli italiani: a quelli che vivono in Italia e vogliono solo investire o avere un punto d'appoggio, come a quelli che vivono già qui e magari, venduta una casa per mezzo milione di sterline, fanno un mutuo per comprarne un'altra da ottocentomila, che fra due anni ne varrà un milione. Le statistiche indicano infatti che, dopo i russi e gli arabi, gli italiani sono tra i maggiori acquirenti di immobili a Londra. Non deve dunque meravigliare che un'agenzia si sia specializzata nel vendere case soltanto a loro. E chi gestisce questa agenzia che vende case a Londra agli italiani? Due italiani, fratelli per di più, Francesco Fasanella, trentatré anni, e Marco Fasanella, trentuno. Tutti e due con una laurea in Giurisprudenza in Italia, tutti e due con esperienze di lavoro a Roma come avvocati ed esperti legali. Finché un bel giorno, verificato di persona quanto sia complesso l'acquisto di un appartamentino a Londra (non a caso, chiunque voglia farlo si dota di un avvocato), hanno deciso di mettere su un'agenzia immobiliare nella capitale britannica, Habitat Investment Ltd, e di fornire l'assistenza necessaria ai potenziali clienti italiani. All'inizio, per mantenersi, Francesco ha fatto il dealer di poker ("Sì, quello che dà le carte!") in una bisca di Walthamstow, nella periferia nord-est di Londra: "Una bella esperienza formativa", ricorda. Adesso si occupa di affari meno rischiosi.

"Cominciare non è stato semplice, ma la burocrazia inglese, o meglio l'assenza di burocrazia rispetto all'Italia, ci ha aiutato", dice Fasanella senior. "Per esempio, il regime fiscale e le regole amministrative sono molto più semplici. Lo Stato britannico incentiva l'impresa, con una tassazione sicuramente meno soffocante di quella italiana, e di contro i servizi sono più efficienti in ogni settore. La registrazione della partita Iva di una società è obbligatoria solo quando il fatturato annuo supera le ottantamila sterline... già un bell'incentivo per chi è all'inizio di una nuova professione. In generale, in Gran Bretagna è più facile iniziare un'attività d'impresa e portarla avanti". Così facile che, nel tempo libero, i due fratelli tengono un blog sulla loro seconda passione, la gastronomia, anzi le tante gastronomie differenti che si possono gustare in città (si chiama duegourmetalondra).

Ma c'è un'altra cosa che apprezzano, qui: il rispetto per i diritti del cittadino: "Qualche tempo fa ho scritto una breve mail al Council del quartiere in cui risiedo, l'equivalente del municipio di riferimento, per richiamare l'attenzione su un piccolo problema della strada in cui abito: l'immondizia abbandonata di fronte ai palazzi. Non pensavo che qualcuno si sarebbe preso la briga di rispondere. Invece, il giorno dopo mi arriva una telefonata dal Council per approfondire la questione. Insomma, hai l'impressione di un sistema che funziona, di maggior senso del dovere, di maggior rispetto per le istituzioni e per il pubblico".

Sarà anche per questo che tanti italiani vogliono abitare a Londra?

28.

La carica dei pierre

Non so esattamente quanti siano: diciamo 101, come i dalmata del film di Walt Disney (che si svolgeva in una fiabesca Londra pre-globalizzazione), per dare l'idea che sono tanti. Tantissimi. Sarà perché noi italiani nei rapporti interpersonali ci sappiamo fare, perché siamo disinvolti, franchi, calorosi, ma un sacco di nostri connazionali, nella capitale britannica, lavorano nel campo delle pubbliche relazioni. Sono, come si dice in Italia, dei pierre. O meglio, come si dice qui, dei professionisti del settore "communications". Ci sono quelli come Giovanni Sanfelice, master alla Bocconi, per un decennio presidente della Barabino UK – sussidiaria londinese della grande società di pubbliche relazioni italiana –, ora fondatore di un'azienda in proprio nello stesso settore, la Tancredi (oltre che presidente del Business Club Italia, think tank della comunità finanziaria italiana a Londra). E quelli come Stefania Bochicchio, che fa la promozione di festival culturali, film, concerti rock. E quelli come Marco Niada, per tanti anni corrispondente da Londra del "Sole 24 Ore" e adesso, ritiratosi dal giornalismo, passato per così dire dall'altra parte della barricata, a curare le comunicazioni di industrie e commercio. E molti altri, pierre italiani di gallerie d'arte, musei, società discografiche, grandi magazzini, catene di negozi, università (qui sono un business anche quelle), fabbriche, squadre di calcio. Sentiamo la storia di due di loro.

"A Londra ci sono arrivata inizialmente per amore", dice Chiara Barreca davanti a un cappuccino di un Illy Caffè su Regent Street. "Avevo un ragazzo inglese, con cui stavo da pochi mesi. Sono nata e cresciuta a Palermo, ma volevo scoprire il mondo, così dopo la maturità mi sono iscritta in Scienze internazionali e diplomatiche all'Università di Gorizia. Ma dopo il primo anno ho capito che non volevo continuare a studiare. Tutto quello che mi insegnavano sembrava mille miglia lontano dalla vita reale e io ero troppo impaziente per aspettare altri due anni, mi pareva uno spreco di tempo. Quindi ho preso la decisione più impulsiva, ma con il senno del poi la migliore, della mia vita: ho lasciato l'Italia e mi sono trasferita in Inghilterra con il mio ragazzo inglese. Dopo meno di un mese a Londra ho trovato lavoro in un'agenzia di viaggi: avevo il vantaggio di sapere già benino la lingua, studiata non solo a scuola ma anche con lezioni private durante gli anni del liceo e viaggi vacanza in Inghilterra e Irlanda. Sei mesi dopo, nuovo impiego, in un'agenzia di Business Travel: organizzavo viaggi per i dipendenti di grandi aziende. Poi con il mio fidanzato ci siamo presi un anno sabbatico e abbiamo girato l'Australia e la Cina. È stato quando siamo tornati a Londra che ho pensato di occuparmi di pubbliche relazioni. Mi era sempre piaciuto scrivere, parlare, insomma comunicare. Avrei voluto fare la giornalista e il pierre mi pareva un lavoro non troppo differente. Ho mandato in giro il curriculum, mi ha assunto quasi subito un'agenzia di pubbliche relazioni in campo finanziario: cinque anni e cinque promozioni dopo sono ancora lì, mi occupo di banche, università, compagnie di assicurazioni. Sono contenta della mia vita a Londra, di quello che ho costruito. Penso che la mia esperienza sia un buon esempio di come, se ti impegni con serietà, oltre a trovare lavoro qui puoi fare un po' di carriera, anche senza una laurea, un master. Con il mio ragazzo abbiamo cominciato a risparmiare e ci siamo comprati una casetta vicino all'aeroporto di Gatwick, in un'area molto verde e molto carina, dove gli immobili non costano una follia e abita la cosiddetta gente normale... quella classe media che una casa a Londra non potrebbe permettersela. Ma vivere nei sobborghi non è poi così male. Sul treno che ti porta in città puoi lavorare o leggere. Quando hai finito la tua giornata di lavoro è più rilassante trovarsi fuori dal traffico, dal caos, dalla frenesia della capitale. La sera, se vuoi tornarci, in auto ci arrivi in mezz'ora e lo stesso puoi fare nel weekend, per andare a teatro, al ristorante, a vedere una mostra o a fare shopping. Ti senti parte di Londra anche se abiti a Gatwick. E in più, quando devo andare a trovare i miei a Palermo, l'aeroporto è a cinque minuti!".

"Cosa mi ha portato a Londra?", risponde ironica Violetta. "Mi ci ha portato un volo Ryanair, al modico prezzo di cinque euro. L'ho acquistato in un'uggiosa giornata autunnale, mentre, come sempre, controllavo le offerte di lavoro online e scrivevo lettere di presentazione, tra un lavoretto sottopagato e l'altro. Così, all'improvviso, ho realizzato che non era normale vivere nella rassegnazione, non per una ventisettenne laureata col massimo dei voti, quattro lingue straniere, un master e tre tirocini in Italia e all'estero in ambito di progetti comunitari. Avevo passato un anno intero a cercare lavoro, aspettando risposte che non arrivavano mai, viaggiando per l'Italia a mie spese per fare colloqui e farmi giudicare da addetti alle risorse umane che mi proponevano l'ennesimo stage non pagato perché non ero abbastanza qualificata. 'Questi giovani vogliono tutti fare gli ingegneri e gli avvocati', sentenziavano parenti e amici di famiglia, accusandomi di eccessiva ambizione. Luoghi comuni che pesavano come macigni. Stavo cominciando a pensare che forse avevano ragione. Che forse non ero brava abbastanza. Che forse avrei dovuto mettere fine a quella ricerca insensata e ammettere che gli anni di università e le borse di studio che avevo ottenuto per studiare e lavorare all'estero erano stati una perdita di tempo. E poi invece, all'improvviso, ho reagito. Non so bene come sia successo, ho spostato il mouse dalla pagina di Jobrapido a quella di Ryanair e ho acquistato quel biglietto. Sono partita con una valigia piena di sogni ma anche di paure: non avevo amici a Londra, non conoscevo la città, non mi ero mai confrontata con la cultura anglosassone. L'inizio non è stato tutto rose e fiori. Per strada e in metropolitana si corre, non è consentito fermarsi per non intralciare il traffico umano, è difficile trovare qualcuno a cui chiedere informazioni perché tutti vanno di fretta, con gli auricolari dell'iPhone infilati nelle orecchie. Quello che in Italia si fa a destra, a Londra si fa a sinistra e viceversa. Le case sono fatiscenti e costano una follia, le persone mi sembravano grigie come il cielo. Insomma, non si può dire che sia stato amore a prima vista. Eppure, quattro anni dopo, la mia opinione è cambiata radicalmente. Londra non è solo Piccadilly Circus e Westminster. È anche il piccolo pub che serve birra artigianale dietro al mio palazzo, il negozio di fumetti giapponesi che nasconde quattro stanze per il karaoke, è il mio team multiculturale guidato da una trentenne madre e professionista neozelandese di origini indiane che vive in Inghilterra, è il ristorante colombiano frequentato solo da sudamericani che offre banane fritte in un seminterrato a sud della capitale, è il parco dove d'estate gli impiegati della City prendono il sole in pausa pranzo, è il dragone che si dimena per le vie di Chinatown durante il Capodanno cinese, è la donna in carriera che va al lavoro con tailleur e scarpe da ginnastica e i tacchi nello zainetto. È la città delle mille opportunità, che permette ancora di sognare e meravigliarsi, che offre un viaggio in giro per il mondo mentre torni a casa in metropolitana".

Ed è una ragazza italiana che, armata solo di una valigia e un biglietto da cinque euro, in meno di un anno ha trovato il lavoro che aveva sempre desiderato e ha ricominciato a sognare. "Lavoro in una società di pubbliche relazioni con colleghi provenienti da mezzo mondo, il mio capo ha un anno più di me e non ordina ma dialoga e ascolta. Vivo in una zona tranquilla, circondata da parchi e scoiattoli, ma a solo due fermate dal centro. Ho amici che provengono da tanti paesi e parlano tante lingue differenti. Cammino quaranta minuti ogni mattina per andare in ufficio e dopo il lavoro mi unisco spesso a quei gruppi di londinesi che bevono una pinta di fronte ai pub in centro. In estate prendo il sole con le mie colleghe nel parco vicino all'ufficio, durante la pausa pranzo. Vado spesso a mangiare un'ottima pizza napoletana in un ristorante del mio quartiere, mentre altre volte preferisco la minestra vietnamita accompagnata da tè verde. Chiudo prontamente le finestre che i miei colleghi anglosassoni tengono aperte anche in pieno inverno. Amici e colleghi stranieri mi prendono in giro perché ho sempre freddo. Mi prendono in giro anche perché cucino sempre, invece di comprare cibi già pronti da scaldare al microonde, ma invidiano i miei risotti e le scarpe che compro in Italia. Bevo spritz, perché anche a Londra è diventato di moda, ma non disdegno una sangria o un bicchiere di Pimm's. Frequento spesso Terroni of Clerkenwell, il negozio di alimentari che è il più antico e famoso punto di incontro per gli italiani a Londra. Qualche volta vado anche a messa nella chiesa italiana adiacente, dove si radunano le vecchie e nuove generazioni di immigrati, un microcosmo tutto italiano nel centro della città. Più resto a Londra e più mi rendo conto di quanto sia facile dare per scontate le bellezze italiane fino a quando non ci si allontana dalla madrepatria. Eppure, preferisco rimanere nella città che mi ha offerto le possibilità che l'Italia mi ha negato. Per i momenti di nostalgia, la pizza napoletana e lo spritz sono un'ottima cura".

29.

Il curriculum nel caffè

Be', se siete un italiano o un'italiana che vive in Italia, e dopo aver letto le esperienze di tanti italiani che a Londra ce l'hanno fatta anche a voi è venuta voglia di provarci, qualcuno che può aiutarvi a fare il primo passo c'è. Si chiama Teresa Pastena e dirige un'agenzia online che assiste i nostri connazionali nella ricerca del lavoro. A partire da un dettaglio che può sembrare secondario ma che invece è fondamentale: il curriculum. Si chiama CV&Coffee, perché funziona proprio così: loro vi offrono un caffè, un buon caffè italiano – che a Londra oggi non è difficile trovare –, e intanto vi spiegano come si prepara un cv, quali sono i punti da mettere in evidenza, quando è il caso di fare una telefonata di follow-up dopo aver inviato un'application. Insomma, l'abc di come si cerca, e possibilmente si trova, lavoro all'ombra del Big Ben. Una serie di consigli così buoni che il consolato italiano chiama regolarmente Teresa per le sue serate di Primo Approdo, in cui dà suggerimenti gratuiti ai nostri immigrati su lavoro, istruzione, sanità, fisco.

Per capire come trovare lavoro a Londra, in realtà, non c'è niente di più istruttivo della storia di Teresa. "Sono originaria di Avellino, ho fatto gli studi in Italia... all'Università Orientale di Napoli per la precisione, laurea in Scienze internazionali e diplomatiche. Poi un master alla Sioi di Roma, la Società italiana per l'organizzazione internazionale... per la carriera diplomatica, quando ancora sognavo di diventare ambasciatore. Avevo già vissuto a Londra durante gli studi: l'Erasmus non l'avevo vinto, me lo sono creata da sola. Ci sono stata sette mesi, nel 2003, lavoravo in un negozio e rientravo in Italia per sostenere gli esami. Ero ritornata a casa a malincuore, Londra l'ho sempre adorata. Ho fatto un'esperienza al ministero degli Esteri, dove ho capito che in Italia non ce l'avrei mai fatta. Un lavoro lo avrei anche trovato, ma non avrei resistito a lungo per la mentalità, le raccomandazioni, la burocrazia lenta, il *customer care* inesistente. Vinco una borsa di studi per lavorare all'estero e vado in Francia. Da lì, faccio un'altra domanda per migliorare il francese e vinco una borsa di studi del ministero degli Esteri che mi porta in Lussemburgo... per fortuna solo per due mesi!

Direttamente dal Lussemburgo, decido che Londra è la prossima meta, questa volta per sempre. È il 21 marzo 2008 quando atterro a London City Airport. Comincio così la mia gavetta nel non profit – due stage trovati a pochi giorni dal mio arrivo. Il lavoro al pub la sera e nel weekend. Dopo tre mesi arriva il primo lavoro e dopo due anni il primo contratto per una ong, Médecins du Monde, dove mi rendo conto di quanto gli europei, e non solo gli italiani, non sappiano vendersi bene quando cercano lavoro. Ricevevo molti cv in formato 'europeo', che è totalmente diverso da quello anglosassone, e con un approccio totalmente sbagliato. Nasce così l'idea di aiutare chi cerca lavoro e comincio a farlo su base volontaria nella *charity* per cui lavoro: aiuto gli stagisti e i volontari dell'associazione a vendersi meglio. L'idea, a quel punto, diventa concreta. Fondo CV&Coffee nel settembre 2012, porto avanti l'attività di notte e nei weekend per quasi due anni: molti clienti mi dicevano che forse avevo l'orario delle mail impostato male, ma in realtà io scrivevo davvero alle ore piccole! A gennaio 2014 chiedo il part-time e a giugno 2014 lascio l'associazione per cui lavoravo: non riuscivo più a gestire la mole di lavoro, soprattutto fisicamente!

Adesso il mio lavoro è insegnare agli italiani come si prepara un cv decente. Mi mancano i genitori, ma anche loro adorano Londra e dunque, anziché andare io in Italia, vengono loro qui. Inoltre, una famiglia a Londra ce l'ho: un marito inglese e mia sorella, che mi ha raggiunto qui. L'Italia è bella, certo, ma per sette giorni in vacanza. Ho impiegato due lunghissimi anni a raggiungere il mio obiettivo. Ce l'ho fatta e ne sono contenta, ma non è stato facile. Un percorso in salita, sempre, con molti sacrifici e un pensiero fisso: non mollare!".

Brava Teresa, buono il tuo caffè! Se dovrò scrivere un cv, non si sa mai, verrò da te. Ma intanto hai un ultimo consiglio da dare a chi cerca lavoro a Londra? "Londra offre opportunità a tutti, ma non è per tutti. Siate pronti a mettervi in gioco e siate umili nel vostro nuovo percorso. E non perdete mai di vista l'obiettivo finale".

30.

Italian Yellow Pages

Se potessi farlo, o meglio se l'editore fosse d'accordo, come ultimo capitolo in fondo al libro allegherei le Pagine Gialle degli italiani a Londra: niente spiegherebbe meglio come è fatta la nostra, non tanto piccola, comunità tricolore. Ma prima dovrei spiegare cosa sono le Pagine Gialle dei nostri connazionali a Londra.

Intanto non si chiamano Pagine Gialle, bensì The Italian Community (che non ha bisogno di traduzione). In secondo luogo non sono di carta, ma online, quindi per consultarle vi basta un computer o uno smartphone. Infine, do la parola alla loro fondatrice, Alessia Affinita. Come ti è venuta un'idea simile?

"Con tanti anni di passaparola fra gli amici italiani di Londra: chi conosce un ginecologo italiano? Ce l'avete un psicologo che parli la mia lingua? Mi servirebbe un avvocato, ma lo preferirei italiano. All'ennesima mail di richieste di questo tipo, ho pensato che ci fosse sotto la possibilità di un piccolo business. Gli italiani a Londra sono diventati così tanti che qualsiasi lavoro può essere affidato a un italiano. Vuoi un ginecologo italiano? C'è. Un avvocato italiano? Ce ne sono più di duemila. Un dentista italiano? Idem. E così via per qualunque professione, servizio, mestiere. Vuoi un ipnoterapeuta italiano che ti riporti nella vita precedente? C'è anche quello, a Londra. L'unico problema è trovarlo".

Ma adesso il problema è risolto, grazie alle Italian Yellow Pages di Alessia. Ha iniziato da sola, ora dirige un team di otto persone e ha cominciato ad allargarsi su altri mercati, lanciando l'Italian Community a Parigi, a Berlino, presto anche a New York. "Ma non è uno strumento utile soltanto agli italiani di Londra", precisa Alessia. "La domanda da parte di consumatori stranieri di prodotti e servizi legati al Made in Italy, o comunque all'italianità, è in continua crescita. Serviva un portale che facesse da punto di riferimento. E la nostra business directory svolge anche una terza funzione. Se hai un'impresa italiana e vuoi appoggiarti a un'impresa o a un professionista italiano a Londra, se vuoi esportare le tue merci e hai bisogno di un agente italiano, sul nostro sito puoi trovare quello che fa per te". Lo strumento è gratuito: mettere il proprio nome o quello della propria azienda sul sito dell'Italian Community londinese non costa niente. È la regola del web: tutto gratis per l'utente (se poi vuoi farti pubblicità o avere una posizione più visibile, paghi – ecco il trucco).

Le categorie più cliccate sono, nell'ordine: ristorazione, avvocati e commercialisti, dentisti. Attraverso il consolato e associazioni di categoria come l'Italian Medical Society, Alessia tenta di individuare eventuali inserzionisti fraudolenti. È presente e molto attiva su Facebook e su Twitter, usando i social network come un tam-tam per trasmettere notizie utili agli italiani di Londra. Insomma, queste Pagine Gialle digitali sono anche un punto d'incontro, una specie di piazza virtuale. Per la loro fondatrice sono anche un buon punto di osservazione sulla realtà. "Non penso che ci sia soltanto la crisi economica o la fragilità dell'economia italiana, fra le cause di questo crescente esodo di italiani a Londra", dice Alessia. "Secondo me il fenomeno fa parte di una naturale evoluzione. Oggi la gente non ha più paura di fare esperienza, sa cosa c'è fuori dall'Italia e al tempo stesso è più curiosa, ha più voglia di muoversi. I giovani possono viaggiare con i voli a basso costo, mentre un tempo chi andava via non poteva tornare a casa per mesi o anni. È tutto più facile. E del resto non sono solo i giovani italiani a partire... i giovani partono anche da paesi che funzionano meglio del nostro. Se ne vanno in giro per il mondo perché hanno sempre più fame di stimoli nuovi".

Con quello che hai imparato, che consigli hai per gli italiani che vogliono sbarcare a Londra, trovare lavoro o magari crearselo, come hai fatto tu con l'Italian Community? "A volte non c'è bisogno di inventare una cosa nuova, basta prenderne una che c'è già e ampliarla, rinnovarla, rinfrescarla. Le Pagine Gialle di carta esistono da decenni in tanti paesi del mondo. La mia idea è stata trasformarle in un elenco consultabile online per i duecentocinquantamila italiani di Londra e per tutti quei londinesi che cercano un business, un servizio, un professionista italiano. Tutto qui".

Quasi quasi ci provo anch'io a lanciare una start up.

31.

A volte ritornano

Non tutti gli italiani di Londra restano a Londra. A volte ritornano. Ne ha parlato in un articolo dell'aprile 2015 "Il Fatto Quotidiano", riferendo una serie di testimonianze. Le ragioni: a Londra si beve troppo, il costo della vita è troppo alto, il tempo fa schifo, le scuole pubbliche pure, quelle private costano come una casa, l'assistenza sanitaria è peggiore della nostra.

"Se non guadagni almeno sessantamila sterline l'anno, ottanta-novantamila euro con l'attuale cambio della sterlina, a Londra non puoi sopravvivere", dice Mirella Melis, tornata in Sardegna. "Piove sempre. In più, comprare una casa vuol dire vivere nei sobborghi, e stare nei sobborghi vuol dire un'ora in treno o in metrò per andare al lavoro...".

"La vita è troppo frenetica, non c'è tempo per vere amicizie", dice Salvatore Guarino, tornato a Napoli. Lui le guadagnava sessantamila sterline l'anno, ma non di soli soldi è fatta la vita: "La routine quotidiana ti distrugge. Lavori soltanto per arrivare al fine settimana e poi andare a bere al pub".

Simone Testa, bolognese, se n'è andato dopo anni di ricerca alla British Library: "Mi manca la piazza, l'umanità dei rapporti interpersonali, la bellezza delle piccole città italiane".

Riccardo Amati faceva il giornalista a Bloomberg: dirigeva un intero settore, guadagnava bene, ma se n'è dovuto andare perché un giorno un boss a New York ha deciso di tagliare i costi e ha licenziato tutti tranne lui, offrendogli però un posto pagato neanche la metà. Così è tornato nella sua Firenze.

Ma non tutti quelli che se ne vanno partono a causa di un licenziamento, un senso di fallimento o una delusione. Alessandro Pavone, giovane video-operatore con cui giravo minidocumentari per il sito di "Repubblica", è venuto a Londra dalla Puglia in cerca di lavoro, stimoli e avventura, ha imparato il mestiere, ma un giorno si è stufato della vita troppo cara e dell'impiego a singhiozzo, così è emigrato di nuovo ed è andato a cercare il lavoro dovunque potesse trovarlo. Ha girato filmati per la rete tv della Nato in Afghanistan, video-reportage per network di mezzo mondo a Istanbul, Dubai, in Africa. "Da Londra sono venuto via, questo è vero", mi scrive, "ma non per ritornare in Italia, bensì per continuare a viaggiare. Londra mi ha insegnato come si sta al mondo".

32.

Mind the gap

"Mind the gap" sta scritto sul bordo della pensilina di ogni stazione della metropolitana di Londra. "Mind the gap", ripete la voce metallica del conducente del metrò ogni volta che si aprono le porte delle carrozze. È un avvertimento ai passeggeri. Significa: state attenti allo spazio fra il treno e la pensilina, state attenti a non finire intrappolati in quel buco, fate un saltello, se necessario, e andrà tutto bene. Ma la frase, in inglese, può avere anche un altro significato. Può voler dire: fate attenzione alla differenza. Notatela.

Una sera, in una stazione del metrò incontro Teresa, la manager-capocameriera della pizzeria sotto casa mia. Non ci conosciamo veramente, ma ci riconosciamo. Ci salutiamo, sediamo vicini in una carrozza, facciamo due chiacchiere. Mentre lei parla, io più che ascoltarla la osservo. Gli italiani di passaggio a Londra, turisti o gente qui per affari, sono immediatamente riconoscibili. È il modo di vestire, oltre a quello di guardarsi intorno con un misto di curiosità, eccitazione e titubanza, come di chi vuol essere ben certo di non sbagliare itinerario. Ma nessuno prenderebbe più Teresa per un'italiana. È vestita a strati, perché qui il tempo cambia di continuo. Non ha nessuno di quegli abiti firmati che rendono identificabile un nostro connazionale. Non porta la giacca di jeans legata attorno alla vita. Non ha lo zainetto giusto. È carina, truccata, in ordine, ma non con quelle scelte omologate che esibiamo noi italiani in patria o quando andiamo in vacanza all'estero. Certo, non potrebbe passare neppure per un'inglese.

Diversamente che in America, dove tutti dopo un po' possono sentirsi americani, inglesi si nasce e spesso non basta neanche quello: bisogna appartenere a una stirpe nata in Inghilterra da generazioni per essere davvero inglesi doc. Ma essere inglesi doc non è indispensabile per sentirsi a casa a Londra. Osservando Teresa sul metrò che ci porta sotto terra da un capo all'altro della sterminata metropoli, mi rendo conto che la manager della pizzeria sotto casa mia non è più italiana e non sarà mai inglese. È qualcos'altro: è diventata londinese. "Mind the gap".

Thank you

Di questo libro, più che l'autore, mi sento il raccoglitore. Tanti italiani di Londra mi hanno raccontato la loro storia, la loro esperienza, le loro impressioni: sono loro i veri autori di queste pagine. Mi scuso con quelli che ho lasciato fuori dopo averli intervistati, o il cui contributo è stato ridotto a poche righe o poche parole, per ragioni di spazio e per esigenze narrative. Mi scuso anche con tutti gli altri che non ho nemmeno interpellato: a Londra, come ho detto, vivono come minimo duecentocinquantamila italiani – più probabilmente il doppio –, e per farli parlare tutti non bastava un libro, sarebbe servita un'enciclopedia.

Non so se a qualche nostro connazionale in Italia, leggendo questi ritratti degli italiani di Londra, verrà voglia di raggiungerli, di partire e unirsi alla nostra Little Italy londinese. Ma una cosa posso garantirla, dopo averne incontrato e conosciuto un po' meglio un campione: non ci si annoia in compagnia degli abitanti di "Londra Italia". A tutti loro va il mio grazie di cuore, anzi il mio "thank you".

E "thank you" anche a Giovanna Salvia, editor di tutti i miei libri, siciliana trapiantata a Milano che potrebbe tranquillamente passare per scozzese.

Indice dei nomi